KB056014

아빠가 주는
영어공부

아빠가 주는 영어공부

펴 낸 날   2015년 10월 15일

지 은 이   하권석
펴 낸 이   최지숙
편집주간   이기성
편집팀장   이윤숙
기획편집   윤은지, 주민경, 박경진
표지디자인   (주)맥스커뮤니케이션, 윤은지
책임마케팅   임경수
펴 낸 곳   도서출판 생각나눔
출판등록   제 2008-000008호
주   소   서울시 마포구 동교로 18길 41, 한경빌딩 2층
전   화   02-325-5100
팩   스   02-325-5101
홈페이지   www.생각나눔.kr
이 메 일   webmaster@think-book.com

- 책값은 표지 뒷면에 표기되어 있습니다.
  ISBN 978-89-6489-508-5 03740
- 이 도서의 국립중앙도서관 출판 시 도서목록(CIP)은 서지정보유통지원시스템 홈페이지
  (http://seoji.nl.go.kr)와 국가자료공동목록시스템(http://www.nl.go.kr/kolisnet)에서
  이용하실 수 있습니다(CIP제어번호: CIP2015024474).

아빠가 주는 영어공부

ENGLISH written by DAD

아빠가 알려주는 재미있게 공부할 수 있는 말
느낌을 배우는 영어시제

하권석 지음

생각나눔

저는 두 딸을 가진 평범한 아빠입니다. 다른 아빠들처럼 뭔가 더 해주고 싶어 안달 안달하는 그런 아빠입니다.

한창 예쁘고, 이것저것 해야 할 나이에 아침 7시에 나가서 밤 10시가 넘어야 들어오는 고등학생인 우리 막내가 못 견디게 안쓰럽습니다.

무슨 공부를 그리 열심히 하기에 고등학교 시절을 온통 학교에서만 보내야만 하는지…. 그 주범 중의 하나가 영어와 수학 공부였습니다.

수학은 15개나 되는 분야를 공부해야 하고, 영어는 무슨 학회지에나 나올 법한 문장들을 가지고 힘겹게 공부하는 것이 우리 아이들입니다.

화가 납니다.

외국에 나가 보면 10년이 넘도록 열심히 공부한 영어라는 '말'이 입에서 떨어지질 않습니다. 뭘 얼마나 해야 영어를 잘할 수 있을까요?

그러다가 어느 순간 영어로 화를 내고 있는 저를 발견하고는 작은 깨달음이 있었습니다. 그렇구나…. 영어가 '말'이구나. 내가 배워왔던 관계대명사, 전치사 등이 아니라 '말'이구나.

그 후에 우리 딸들이 공부하는 영어책들을 보고는 참 어이가 없었습니다. 거의 모든 문제를 문법으로 접근해서 해설이 이루어지고 있었습니다. 제가 30년 전에 배워 왔던 그대로.

그래서 문법이 아닌 '말'로 영어를 가르쳐주고 싶었습니다. 이게 이 책을 쓰게 된 동기입니다.

다행히 요즘은 듣기를 하고, 말하기나 쓰기와 같은 교육과정이 도입된다고 하니 얼마간 마음이 놓입니다. 그러나 문법으로 공부했던 버릇이 짧은 시간에 바뀔 리는 없고, 많은 시간이 지나야 재미있는 '말'로 배우게 될 것 같습니다.

문법이 아니라는 걸 조금이라도 보여주고 싶습니다. 재미있게 공부할 수 있는 '말'이라는 걸 알려주고 싶습니다. '느낌'이라는 걸 알려주고 싶습니다.

이 책은 시제(時制)를 주제로 썼습니다. 문법으로서의 시제가 아니라 말의 표현 방법으로서의 시제입니다. 책을 잘 읽어놓으면 적어도 시제가 포함된 문장을 보고 답답해지지는 않을 것입니다. 어떤 문장을 보더라도 글을 쓴 이가 말하고자 하는 느낌을 그대로 느낄 수 있을 것입니다.

또 시제만 잘 알아놓으면 여러 시험에 출제되는 대부분의 문제를 풀어낼 수 있습니다. 영어는 결국 '말'이고, 말이란 뜻을 갖는 단어와 그 쓰임의 문제이지 문법이 아니기 때문입니다.

이 책은 2년 전에 제 딸이 고1일 때 쓴 글을 토대로 해서 조금 더 보강하고, 그냥 편하게 읽을 수 있게 수정했습니다.

저는 최선을 다해 썼지만, 제 능력과 지식이 혹시 조금 부족할지도 모르겠습니다. 마음에 걸리는 부분이 있다면 언제든지 제 e-mail로 의견을 주십시오.

hakwonseok@gmail.com

말하듯이 책을 쓴다는 게 참 어려웠습니다. 그러나 영어를 시험으로 평가받아야 하는 모든 아이는 '내 딸과 아들이다.'라는 생각으로

차근차근 썼습니다.

이 책을 쓴 것은 저이지만, 다른 많은 분들도 저처럼 자식을 위해
영어책을 써주고 싶어 하실 것입니다. 조금이라도 그 마음을 담아
『아빠가 주는 영어공부』로 제목을 정했습니다. 책을 읽으시는 분들은
우리 아빠가, 삼촌이, 아저씨가 날 위해 써주신 책이다는 생각으로
읽어주시면 정말 고맙겠습니다.

이 책과 함께 하는 모든 분이 영어라는 외국어에 한 걸음이라도 더
다가갔으면 정말 좋겠습니다.

| Content |

PART 3

영어,
그리고
시제

현재 시제

과거 시제

미래 시제

수동태 잠깐 보기

PART 4

문제
하나
풀어보기

2015 수능 영어 시험 38번

영어 공부하기

시작해볼까?

영어 문법이란 도대체 무엇이냐?

시작해볼까?

> "아빠가 지금부터 영어공부 책을 써볼까 해."

'영어 공부' 하니까 머리가 아파 오지? 특히, 영어공부 하면 영어 문법(英語 文法)도 포함되니까. 이걸 한문까지 써 놓으면….

화장실에 가고 싶은데 화장실 가기가 무서워서 이러지도, 저러지도 못하다가 어쩔 수 없이 큰 맘 먹고 가는 것처럼 그런 마음으로 해야 하는 공부…. 으….

꼭 해야 하나?

안 해도 돼. 특히, 영문법은 하나도 몰라도 돼. 단지 영어만 잘하면 사실 아무 필요가 없는 거야.

우리 주변에서는 영어, 영어…. 말들이 참 많지?

영어는 무조건 잘해야 하고, 심지어 영어를 국어로 하자는 웃기는 사람들도 있었고, 또 우리가 쓰는 말 중에서도 영어가 너무나 흔하잖아. 흔하다 못해 이젠 영어를 쓰지 않고는 말이 되질 않아.

영어를 전 세계에서 얼마나 많은 사람들이 쓰고 있는지 생각해 봤어? 많이 쓰는 기준으로 보면 몇 등이나 할까? 우리나라를 기준으로 하면 세계에서 가장 많이 쓰는 말이 영어일 거야. 그렇지?

그러나 위키피디아 기준으로 하면 4위야, 4위.

이 자료를 가만 보고 있으면 사실 영어가 5위 정도 되는 게 맞을 것 같아. 영어를 모국어로 사용하는 나라가 어디게? 미국, 영국, 캐나다, 호주, 뉴질랜드…. 이 다섯 나라를 빼면 아는 나라가 별로 없어. 생전 처음 들어보는 나라들까지 영어를 사용한다고 되어 있는데, 글쎄?

세계에서 가장 많이 쓰는 말은 말할 것도 없이 중국어야. 그 다음으로 스페인어, 남미 대륙에서 브라질 빼놓고는 다 스페인어를 쓰는데 뭐. 그리고 인도어 아니겠냐? 인도 인구가 11억이야. 근데 인도는 말 종류가 엄청나게 많아. 그래도 힌디어는 정말 많이 쓰지. 아마 5~6억 명은 족히 될걸? 그리고 아랍어가 있어. 전 아랍국가에서 쓰는 말, 아프리카 국가들이 가장 많이 사용하는 말. 그 다음이 영어야. 아빠는 그렇게 생각해.

이런 영어가 왜 우리나라에서는 외국어의 절대적인 자리를 차지하고 있을까? 족히 몇십 년 동안이나. 아빠는 하고 싶은 말이 많아. 하지만 그건 글을 써가면서 하나씩 하기로 하자.

어쨌든 너희 모두는 영어 시험을 봐야 하잖아. 또 영어로 쓰인 많은 재미있는 이야기들을 읽어야 하고. 그래서 아빠가 이 글을 쓰려는 거야. 영어 공부란 이름으로. 단지 영어권 친구들하고 깔깔거리며 이야기하는 거라면 아빠가 이 책을 쓸 이유가 별로 없어.

영어를 잘한다는 것은 잘 말하고, 잘 알아들을 수 있다는 말이야. 영어책도 술술 읽고, 영화, TV 드라마들을 그냥 볼 수 있는 거. 근데 우리나라에서는 시험을 잘 보는 사람이 영어를 잘 하는 사람이야.

영어를 잘하고 싶어도 이게 밑도 끝도 없는 거야. 뭘 어디서부터 해야 할지도 모르고, 무슨 문장을 공부해야 이걸 잘 사용할 수 있을는지 알 수가 없는 거지.

그러다가 미국 사람들이 이야기하는 걸 가만히 보고는, '야, 저 사람들은 저렇게 얘기하는구나. 그 규칙을 알면 더 효율적으로 영어를 알 수 있겠구나.' 하고 영문법을 공부하게 된 거야. 영문법만 공부해야 한다면 그건 영어학(英語学)에서나 다뤄야 할 정도로 어렵지만, 우리가 알아야 할 영문법은 별로 많지 않아. 조금만 알면 돼. 정말.

오히려 영문법이 문제가 아니라 영어 단어- 낱말을 얼마나 많이 아느냐가 문제이지. 우리가 영어책을 읽다가 이해가 안 되거나 어느 순간 흐름을 놓쳐버리는 건 문법을 몰라서가 아니라 낱말을 몰라서 그래. 그리고 그건 많이 보는 수밖에 없고.

음…, 이제 시작해볼까? 영어 공부.
들어는 봤나? 영문법!
먹어는 봤나? 영문법!
아! '먹어는 봤나?'가 아니고 '보기는 했나?'

먼저 공부를 한다는 것은 어떤 뜻일까? 공부해라, 공부해라…. 숱하게 듣는, 공부한다는 것이 과연 어떤 것일까?

과연 지금 하는대로 하는 것이 공부를 하는 것일까? 또 공부를 잘한다는 말이 무슨 뜻이지? 시험 점수가 높은 걸 얘기할까? 정말 그럴까?

아빠는 생각이 다르단다. 아빠는 너보다 오래 살았잖아. 그래서 공부를 잘하는 사람과 못하는 사람이 어떻게 살아왔는지 많이 봤어. 그래서 이렇게 얘기할 수 있어.

공부를 잘하는 사람이 더 잘 살아.
음…. 자기 주관을 가지고 주어진 일을 잘하며 살아가.

아빠는 분명히 얘기했다. 공부를 잘하는 사람이라고, 성적이 좋은 사람이 아니라.

공부를 잘한다는 것은 생각의 크기를 키운다는 말이야. 성적이 좋다는 것은 지식의 크기를 키운다는 뜻이고. 분명 다르지?

어렸을 때는 호기심도 많고, 이것저것 많이 해본 친구가 성적도 좋고, 공부도 더 잘해. 왜냐하면, 어렸을 때는 알아야 할 지식의 범위가 좁기 때문에 하나만 더 알아도 남보다 굉장히 많이 알기 때문이야. 예를 들면, 알아야 할 것이 10개인데 누군가가 1개를 더 알면 10%나 더 많이 아는 거잖아.

그런데 나이를 먹을수록, 학년이 높아질수록 알아야 할 것이 100개, 1,000개로 늘어나는 거야. 그러니 1개를 더 알아서는 도무지 표시가 나지 않아. 그래서 10개를 더 알아야 하고, 20개를 더 알아야 한다고 말하는 거야. 그게 흔히 말하는 공부하라는 얘기지. 지식의 크기를 남보다 더 키우라는 얘기인 거야.

그런데 더 나이를 먹으면 이젠 알아야 할 게 50,000개쯤 돼. 그러니까 남들보다 500개를 더 안다고 해도 겨우 1% 더 많이 아는 거야. 이러니 지식의 크기가 무슨 소용이 있겠어?

아빠가 문제를 하나 낼게.
"가능하면 옥외에 있는 자판기에서는 겨울에 커피를 뽑아먹지 마라."라고 말한나면 그 이유가 뭘까?
이게 도대체 무슨 말이지? 왜?

① 커피 자판기에는 커피 가루와 프림, 그리고 설탕이 각각의 통에 들어 있어. 그리고 돈을 넣으면 각각의 가루가 조금씩 나와서 뜨거운 물과 함께 섞여 종이컵으로 모이는 거야. 커피 한 잔이 되는 거지.
② 벌레, 특히 바퀴벌레는 생명력도 강하고, 따뜻한 곳을 좋아하고, 단 것도 좋아하지.

①번과 ②번을 합치면? 아! 옥외에 있는 자판기에는 겨울에 바퀴벌

레가 모일 수 있겠구나. 관리를 잘 하지 못 하면 설탕 안에 알을 낳을 수도 있겠구나. 그래서 잘못 먹으면 내 몸에 안 좋겠구나.

①번과 ②번은 지식이야. 그리고 이것을 합치는 것이 생각이고.

그럼 봐. ①번과 ②번을 아예 모른다면 이 문제는 절대 대답할 수 없어. 그렇지? ①번과 ②번을 정확히 안다 해도 두 가지를 합칠 수 있는 생각의 능력이 없으면 역시 이 문제는 대답할 수 없어. 엉뚱한 대답들이 나오겠지?

혹시 '이젠 자판기 커피는 절대 안 먹어야지.'라고 생각했어? 하하! 요즘 나오는 자판기는 예전처럼 허술하지 않아. 걱정하지 않아도 돼. 예전에 그랬다는 거야.

공부는 생각의 크기를 키우는 일이야. 그래서 평생 공부한다는 말이 나오는 거고.

지식을 하나의 벽돌로 본다면 그 벽돌을 모아서 담을 쌓을 수도 있고, 집을 지을 수도 있겠지? 이렇게 지식과 지식을 모아서 **다른 것을 만들어낼 수 있게 하는 것**이 공부야.

벽돌 하나만 가지고 할 수 있는 게 있을까? 있다 해도 아주 적겠지?

또 벽돌을 쌓아서 뭔가를 만들려면 벽돌이 튼튼해야 되겠지? 담을 쌓았는데 그중 몇 개의 벽돌이 부실하다면 담 모양을 유지하기가 힘들지 않을까?

이제 우리는 알았어. 성적이 좋으려면 하나를 알더라도 제대로 알아야 하고, 공부를 잘하려면 생각을 많이 해야 한다는 것을. 성적이 좋으려면 단단해야 하고, 공부를 잘하려면 자유스러워야 하는 것을….

이제 주변 친구들을 봐봐. 성적이 좋은 친구들은 야무지고 끈질겨. 성적이 좋지 않으면 뭔가 마무리를 잘못하고, 일을 할 때에도 흐릿하다는 느낌이 들지 않아?

단단하지 않아서 그래. 공부를 하면서 하나를 알더라도 끝까지 철저하게 알려고 하지 않는데, 다른 일이라고 끝까지 하려고 하겠니?

하지만 학교 공부는 아니어도 뭔가 다른 일에 뛰어난 친구들이 있어. 예를 들면, 영국 프리미어 리그에 대해서는 박사만큼 많이 아는 친구가 있지. 그 친구는 정말 열심히 프리미어 리그에 대해서 공부한 거야. 다만, 학교 공부를 하지 않을 뿐이지. 그런 친구들은 단단해.

그래서 성적은 좋은데 답답한 친구도 있고, 성적은 좋지 않아도 믿음직스러운 친구가 있는거야.

생각의 크기가 달라서 그래. 지식은 많지만, 그것들을 합치고 나누어서 나른 생각을 만들어낼 수 없는 친구는 좀 답답해 보이고, 지식이 많은 것 같지 않은데 믿음직스러운 건 아는 것을 최대한 합치고 나누어서 새로운 생각을 만들어낼 수 있어서 그런 거지. 이런 친구는 생각의 크기가 큰 거야.

누가 낫다고 얘기할 순 없지만 그래도 생각의 크기가 크다면 주변 상황(지식)을 잘 살펴서 다른 사람들과도 잘 지낼 수 있지 않을까?

이게 공부한다는 뜻이야. 주어진 지식을 철저히 알고, 그 지식을 잘 섞어서 새로운 것을 만들어내는 것.

자! 아빠가 다 알려줬다, 공부한다는 뜻을.

음…. 이소(李笑)라는 작가가 쓴 곤룡유기(鯤龍遊記)라는 무협소설이 있어. 곤(鯤)이라는 건 장자(莊子)에 나오는 큰 물고기를 말해. 상상의 동물이지. 유기(遊記)는 유람 기록이고. 그러니까 엄청 큰 용이 여기저기 다니며 겪은 이야기라는 뜻이겠지?

여기에 아빠가 얘기한 공부를 잘 설명해주는 대목이 나와.

무술을 배우고 있는 아이에게 무술을 잘 아는 주인공이 얘기해 주는 거야. 무술의 이름을 태권도로 해도 괜찮아.

"너는 어째서 같은 품새를 펼침에 있어 계속 똑같은 속도, 똑같은 형식으로 똑같은 부위만 노리는 것이냐? 너는 한 초식이 어떤 상황, 어떤 때이건 계속 똑같아야 한다고 생각하는 게냐? 네가 앞으로 만날 상대는 한 사람이 아니지 않느냐? 오히려 언제나 다른 상대를 만날 가능성이 더 크지 않겠니? 그리고 네가 그렇게 궁금해하는 품새의 조합과 연속이 무엇이라고 생각하느냐? 단순히 한 품새를 끝까지 펼치고 다시 다른 품새를 이어 펼치는 그런 것이라고 생각하느냐?"

"…!"

"네가 펼치는 품새들은 모두 죽은 품새다. 가장 기본적인 힘의 강약조절도 없고, 자유로운 품새의 전환도 없고, 속도의 변화도 없다. 그러니 펼치는 길이 조금만 막혀도 반응을 못 해 쩔쩔매는 것이 당연하고."

"…!"

"네가 배운 동작과 품새들은 모두 수련을 위한 것이고, 기초가 되고, 기본이 되는 것일 뿐이다. 수련과 대련은 다르다. 대련에서는 그것에 연연해선 안 된다. 다만, 그것에 기반을 둘 뿐 자유로워야 한다.

그래야 진정으로 그것을 배운 것이 되고, 또 어떤 상대를 만나도 대적할 수 있는 것이다. 물론 항상 수련을 하고, 수련을 할 때는 그 기본적인 초식으로 수련하여 더욱 그 기반을 단단히 다져야 함은 말할 필요가 없는 일이고 말이다."

"…!"

어떤 얘기인지 알겠지? 네가 배우는 지식 하나하나는 태권도의 품새와 같다. 태극 1장, 2장과 같은. 그러나 세상에 나가서는 이 품새 하나하나를 잘 안다고 해서 태권도를 잘하는 사람이 되는 게 아니다. 품새를 잘하는 사람이 항상 대련을 잘하는 것이 아니란 얘기다.

더구나 그것이 경쟁을 위한 대결이 된다면 품새 하나하나가 정말 자유롭게 어우러져야 하는 거다. 네가 배운 지식이 잘 어울려야 한다는 거지. 그것이 공부다.

이걸 조금 더 현실에 대입해 볼까?

프랑스의 대학입학자격시험을 바칼로레아(Baccalaureat)라고 해. 줄여서 Bac이라고 부르지. 우리나라의 수능시험과 같겠지?

바칼로레아의 문제들은 생각을 필요로 해. 예를 들어,

'과학으로 증명되지 않은 것들은 믿을 수 없는 것들인가?'

'진실에 저항할 수 있는가?'

'자유를 두려워해야 하는가?'

등의 질문이야. 이런 질문들을 중복 없이, 200년이 넘는 역사 동안 고등학교를 졸업하는 학생들에게 해온 거야.

바칼로레아 시험 문제를 한 번 보자.

| 인문영역 |

Q1. 예술작품은 우리의 사고 지각을 단련시키는가?

Q2. 행복하기 위해서 무슨 일이든 해야 하는가?

| 경제사회영역 |

Q1. 선택권을 가진다는 것만으로 우리는 충분히 자유로운가?

Q2. 왜 우리는 스스로를 알고 싶어하는가?

| 자연영역 |

Q1. 우리는 행복하기 위해 사는가?

Q2. 예술가는 자신이 만든 작품의 주인인가?

| 기술 Bac |

Q1. 교환은 항상 이해 타산적인가?

Q2. 하나의 진리가 결정적일 수 있는가?

| 음악·춤 기술 부분 |

Q1. 문화의 다양성은 인류의 단결을 저해하는가?

Q2. 진리에 무관심할 수 있는가?

[출처] 생각의 힘을 키우는 프랑스의 수능, 바칼로레아   – 작성자 Mrman

우리 수능시험과는 좀 다르지? 어때? 대답할 수 있겠니?

아마 어려울지도 모르겠다. 한 번도 이런 식으로 생각해 본 적이 없으니까.

프랑스에서는 많은 사람이 이 문제를 기다려. 그래서 카페에서나 집에서 이 문제를 풀어보고는 내가 생각한 답은 이거다라고 SNS에도 올린 댄다. 재밌지?

이 문제들을 가만히 보고 있으면 지식을 물어보는 것이 아니라 생각을 물어보는 것이다. 그럴듯한 벽돌집을 지어 놓고 "벽돌로 지었으니 튼튼한가?"/ "이런 모양으로 집을 지었는데 이게 과연 잘 지은 것인가?"를 물어보는 것이다.

우리 아이들이 이런 문제에 당혹해하는 것은 거의 한 번도 집을 지을 생각을 해보지 않았기 때문이야. 집이라는 단어 자체가 낯설고, 벽돌을 차곡차곡 쌓아서 뭘 만들 생각을 아예 해보지 않았기 때문이야.

지식과 지식의 결합, 또 결합한 지식과 결합한 지식의 결합을 통해 모양을 만들고, 그 모양과 모양을 합쳐서 집을 지을 수 있는 거란다.

영어를 공부하는 것도 똑같다. 단어를 배우고, 문장을 배워서 이걸 어떻게 자유롭게 사용할 수 있는가? 이것이 영어공부란다.

영어 시험 문제는 단어와 문장을 자유롭게 구사하는 정도를 물어보는 것이고.

그런데 왜 우리는 '영어공부' 하면 영문법을 떠올리는 것일까?

영어 문법이란 도대체 무엇이냐?

"왜 우리는 영어 문법을 공부하지?"

공부라는 것이 하나하나의 지식을 배워서 그것을 자유롭게 조합하는 것이라는데, 그렇다면 영어 문법이라는 것도 우선은 지식부터 배워야 하는 게 아닌가? 그래서 한국의 수많은 사람이 영어 문법을 공부하고 있는 게 아닌가?

글쎄…. 아빠는 상업적인 이유가 더 크다고 생각해. 좀 더 직설적으로 얘기하면 돈 벌려고 영문법의 영역을 엄청나게 키워 놓은 거야.

먼저 서점에 가서 영문법 책이 뭐 뭐 있나 한번 봐라. 기가 막힐 거야. 무지무지하게 많아. 책 제목도 기가 막혀. 그 책만 보면 영문법을 다 알 수 있을 것 같아. 만약에 책 한 권만 보고 영문법을 끝낼 수 있었다면 다른 책은 안 나왔겠지. 그렇지? 근데 무지무지하게 많은 거야, 책들이.
이게 무슨 말이냐 하면 "이 책만 봐서는 안 돼요."라는 말이야. 그럼 어떡하라고? 그럼 거기 있는 책 다 보라고?
그건 못하지.

우리나라에서는 영어를 잘하는 게 무슨 벼슬 같은 거야. 그래서 모든 사람이 다 영어를 잘하고 싶어해. 그런데 그 방법을 모르는 거지. 어떻게 공부해야 영어를 잘하게 되지?

그러다가 문장을 영문법에서 나오는 대로 주어, 동사로 나누고, 형식을 구분해 보고, 수동태니 능동태니 하다가 원래 영어는 잊어버리고 문법 용어에 매달리게 됐어. 문법 용어를 아는 것이 영어를 아는 게 되어버린 거야.

이제 거기서 한 걸음 더 나가지. 더 어려운 문법 용어를 찾게 되고, 그 용어들을 학자만큼 분석하려 들었어. 관계대명사가 나오니 선행사를 분석하려 들고, 접속사도 그냥 접속사가 아니고 상관접속사 운운하게 되고…. 뭔가 더 복잡하고, 어렵게 말하면 영어를 더 잘한다고 생각하게 된 거야.

교육을 위한 교육이 되어버린 거지.

하지만 영문법이란 영어로 말하는 법을 체계적으로 정리해 놓은 것에 불과해. 정말 그래. 시대에 따라서 말의 쓰임새가 달라지면 문법도 달라지게 마련이거든. 이를테면, 우리 말을 북한도 쓰고 있잖아? 그런데 북한에서는 "로동"이라 하고, 우리는 "노동"이라고 해. 이미 문법, 즉 말하는 법이 다른 거야.

이렇게 달라지는게 문법인데, 왜 우리는 무슨 무슨 영문법 해서 고통스럽게 공부해야 하지? 볼 영화도 많고, TV도 봐야 하고, 다른 책도 읽어야 하는데….

아빠가 보니까 많은 사람이 잊고 있는 게 있어. 그게 뭐냐면 '말'의 정확한 뜻이야.

먼저 영어가 뭐야? 뭐 보고 영어라고 해?

맞아. 미국사람, 영국사람들이 쓰는 '말'이야.

그럼 '말'은 뭐야?

뭔지는 알겠는데 말로는 못하겠지? 사전에 보면 이렇게 나와 있어.

"사람의 생각이나 느낌 따위를 표현하고 전달하는 데 쓰는 음성 기호, 곧 사람의 생각이나 느낌 따위를 목구멍을 통하여 조직적으로 나타내는 소리를 가리킨다."

사전에 나와 있는 뜻도 어렵네. 무슨 말인지 잘 모르겠어. 쉽게 풀어쓰면 내가 생각하거나 느끼는 것을 남이 알아들을 수 있게 소리를 내는 것이야.

네가 "아!" 하고 높은 소리를 내면 엄마, 아빠가 우당탕 뛰어가지? 왜냐면 어디 다치거나 아플 때 내는 소리니까.

영어는 영국이나 미국사람들끼리 알아먹는 말이고, 한국어는 한국 사람들끼리 알아먹는 말이야.

그러면 문법은 뭘까?

문법도 사전에 보면 이렇게 나와 있어.

"말의 구성 및 운용상의 규칙"

즉, 말을 하는데 단어들을 어떻게 연결해야 내가 하고자 하는 말을 전달할 수 있을까를 정한 규칙이란 뜻이야.

"냉면을 어저께 나는 먹었다, 엄마랑."

이상하지?

"나는 어저께 엄마랑 냉면을 먹었다."라고 해야겠지?

또 있어.

"나는 내일 엄마랑 냉면을 먹었다."

이것도 이상하지?

"나는 내일 엄마랑 냉면을 먹을 거야."

이렇게 이상하지 않게 말하는 법이 문법이야. 올바로 말하거나 쓸 수 있는 규칙.

이제 우리는 영문법의 정확한 뜻을 알았어.

"영국이나 미국사람들이 쓰는 말을 올바로 말하는 법 또는 쓰는 법."

그럼 영문법을 공부해야겠네?

아니, 공부 안 해도 돼.

근데 아빠는 책을 왜 써?

한번 읽어보라고.

읽기만 하면 돼?

응.

우리가 말을 배울 때 국문법 책으로 배웠나? 아니지?

네가 어렸을 때 어떻게 말을 배운 줄 알아? 생각나니?

넌 어렸을 때 언니를 맴미라고 했어. 왜 그랬을까? 소리를 아직 제대로 못 내서 그랬어. 분명 너는 언니라고 말하는데 듣는 사람은 맴미로 들리는 거야. 그러니까 자꾸 언니, 언니하고 가르쳤지. 또 'ㄹ' 발음도 잘 안 됐잖아. 그래서 어설픈 'ㄹ' 발음을 한동안 달고 다녔지.

지금은?

한국말 하는데 선수가 됐어요. 아주 잘해요.

왜 그렇게 됐을까?

자꾸 해봐서 그래. 같은 말을 자꾸 해봐서. 또 책을 읽으며 새로운 말을 배우고, 계속 반복해서 말하고…. 그러다가 선수가 됐지.

영어도 똑같아. 계속해서 말해야 해. 그렇지 않으면 절대로 영어를 배울 수 없어. 실제로 네가 미국에 가서 1년만 살면 영어를 엄청나게 잘할 거야. 왜냐고?

거기서는 영어만 써야 하니까. 거기서 한국말을 쓰면 아무도 못 알아들으니까.

근데도 아빠가 이 책을 봐야 한다고 쓰는 이유는 미국에 가서 살지 못하니까 그 사람들이 말하거나 쓰는 규칙을 한 번쯤 알아두라는 거야. 그러니까 아무 부담 없이 그냥 읽어보면 돼.

퀴즈…. 짠짠….

세상에서 가장 뜻이 많은 단어는?
어떤 단어가 세상에서 가장 많은 뜻을 가지고 있을까?
뭐라고 생각해?

생각….
답이 생각났어? 아니면 이것 같기도 하고, 저것 같기도 하고 그래?
아빠가 생각했을 때 가장 많은 뜻을 가진 단어는 엄마야.
'엄마'.

왜냐면 우리 모두에게 엄마 하면 생각나는 것을 적어보라고 하면
엄청난 이야기가 나올걸. 아주 길게 적을 수 있을 거야. 근데 사전에
보면 이렇게 나와 있어.

"자기를 낳아준 여자."

이게 말이 돼? 엄마의 뜻이 겨우 저거라는 게 말이 돼?
아니지. 아플 때 엄마가 옆에서 왔다 갔다만 해도 마음이 편안해지
고, 천둥 치면 재빨리 엄마에게 푹 안기면 하나도 무섭지 않고, 누군
가가 너에게 겁을 줄 때 당장 엄마한테 말하면 모든 게 OK 되고.

엄마라는 뜻을 말로는 정확히 못 하겠지만, 하여간 어떤 뜻인지는 잘 알 거야. 근데 사전에는….

그게 사전이야. 너무나 메마르게 뜻을 적어 놓은 게 사전이라는 거야. 물론, 모든 단어가 그렇다는 게 아니고 사람들이 감정으로, 온몸으로 느끼는 어떤 뜻은 글로는 다 써 놓을 수 없다는 거야.

그게 사전이 갖는 한계야. 또 글이 갖는 한계이기도 해.

모든 말은 입에서 나오는 거야. 입에서 나온 말을 보존하기 위해 글로 적는 것이고, 또 그렇다 보니 적는 데 그 분위기나 감정은 절대로 남길 수 없는 거야.

심지어 어떤 일은 '말로도 못하는데'.

한국 사람은 한국말을 하는 데 사전을 거의 안 봐. 왜냐면 대개 다 아니까. 굳이 안 봐도 이야기하는 데 전혀 막힘이 없으니까.

근데 영어는 사전으로 공부해. 영어사전에 나와 있는 뜻을 가지고 '아하! 그거구나.'라고 생각해.

얼마나 잘못되고, 부족한 건지 알겠지?

영어사전도 글로 쓰인 것이니까 절대로 그 뜻을 제대로 다 전달할 수 없지. 근데 우리는 그걸 보고 외우는 거야. 그러니까 문장에 나온 단어를 보고 외운 대로 뜻을 넣어보니 영어 문장이 재미가 없고, 또 심지어는 자주 틀리기도 하는 거야.

investigate	조사하다
judge	판단하다

offend	공격하다
plead	애원하다
prevent	방해하다

.

.

이렇게 영어 단어를 공부해서는 절대로 안되는거야.

단어의 뜻을 제대로 알려면 반대로 해야 해. 문장 속에서 '어떤 뜻으로 쓰였구나'를 알아야 그게 제대로 된 뜻이야. 그러니까 우리는 영어 단어를 외우거나(특히 사전을 보며), 문법을 외우면 안 되는 거야.

위 단어 중에서 하나만 볼까? investigate

영영사전에는 이렇게 나와 있네.

If someone, especially an official, investigates an event, situation, or claim, they try to find out what happened or what the truth is.

(Collins Cobuild Advanced Learner's English Dictionary. 6th Edition © HarperCollins Publishers 2009)

( ) 안은 영영사전 이름이야. 콜린스 코빌드.

그러니까 번역해 보면 "누군가가, 특히 공식적으로, 어떤 사건이나 상황, 요청 등을 investigate 한다는 것은 어떤 일이 있었는지, 진실이 무엇인지를 찾으려 하는 것이다."

아, '진실을 위한 조사'네. 있는 그대로를 알려고 하는 것이 investigate구나.

The company has promised to investigate claims that its products are unsafe.
(회사는 그들의 제품이 안전하지 않다는 클레임에 대해 조사하겠다고 약속했다.)

회사는 불만 요청에 대한 사실을 조사하겠다는 얘기구나.
이제 우리는 investigate라는 동사를 정확히 알게 된 거야.

이렇게 문장을 읽어보고, 문장 속에서 단어의 쓰임을 알아야 정확하게 알게 되는 거야.
음…. 사전이 완전하지 않은 거라면 왜 아빠는 영어공부를 할 때 사전을 보라고 했을까? 지금까지 엉터리라고 욕해놓고서.
그것은 아예 모르는 말은 사전을 찾아 대강 뜻을 보라는 거야. 대강.

예를 들면, 우리 말 중에 '동구'라는 단어를 알아?
'동구 밖 과수원 길…'에서의 '동구'
우리가 쓰는 말인데도 잘 모르겠지? 그때 사전을 보는 거야.
동구(洞口) : 동네 어귀
아! 대강 이런 뜻이구나. 동네의 입구. 동구 밖 과수원 길은 동네 입구 밖에 있는 과수원 길이구나, 동네에서 좀 떨어진.

이렇게 대강의 뜻만 알아보라는 거야.

영어사전이 가진 문제는 그것만 있는 게 아니야. 우리나라 영어사전의 대부분은 일본 사전을 번역해 놓은 거야. 생각해 봐. 한국 사람이 미국에 오래 살면서 그들이 쓰는 말을 하나하나 다 정리해서 사전을 만들었을 것 같아? 미국에서 나온 사전을 일본 사람들이 일본식으로 번역했고,— 그것도 1950년대가 대부분이란다 —그걸 또 한국말로 옮겨놓은 게 영어사전이야. 편역자가 자신의 이름을 건 사전은 옥스포드 영한사전밖에 없어(2009년).

미국 사전을 바로 우리말로 바꾼 것은 없냐고? 그랬으면 좋겠는데 우리나라 사람들은 영어보다는 일어를 잘해서(옛날 어른들이) 일어를 번역하는 게 더 편했던 모양이야. 요즘에 들어서야 미국 사전을 번역한 게 조금씩 나오고 있어. 아빠가 왜 조금씩이라고 했느냐 하면 완전히 번역해 놓은 사전은 아직도 없어. 옛닐 사전에다가 조금씩 단어를 번역해서 바꿔가는 중이야.
이러니 영어사전(영한사전)을 믿을 수 있겠어?

그래서 사전을 볼 때에도 차라리 영영사전을 보는 게 나아.
영영사전을 맨 처음에 보면 아주 황당해. 단어를 찾았는데 설명해 놓은 단어들을 모르는 거야. 그래서 그 모르는 단어를 또 찾아. 그러면 모르는 게 또 나와. 이렇게 계속 몇 단어를 찾아봐야 어렴풋이 단어가 가진 뜻이 잡히는 거야. 그러나 이렇게 조금만 고생하면 이제 금방 뜻을 알게 돼, 정확하게. 특히, 말이 갖는 느낌을 알게 되는 거야.

실제로 아빠가 몇몇 단어들을 찾아봤는데 맨 처음에는 좀 이상했어. 아빠가 알고 있는 단어 뜻과는 영 엉뚱한 뜻이 쓰여있는 거야. 명사들은 대개 다 비슷한데 나머지 단어들, 특히 동사는 뜻이 영 달라. 결론은 아빠가 잘못 알고 있었다는 거지. 아빠가 사전으로 공부했거든.

이제 영어를 배우려면 어떻게 해야 하는지 알겠지?

- 일단 영어를 자주 듣고, 보고, **따라 해본다.**
- **영어 문장을 공부한다.**
- 사전은 **영영사전을 봐야 한다.**
- 단어의 뜻은 외우지 말고 **느낌으로 이해한다.**

영어와 친해지기

Part 2-1 영어 단어 나누기

"아! 이 수많은 영어 단어…"

영어 낱말(단어) 수는 얼마나 될까?

2014년 1월 현재 1,025,109개(Global Language Monitor).

이 중 사용하고 있는 단어 수는 171,476개. 47,156개의 단어는 사용하지 않는 폐어가 됐단다(Oxford).

고등학교에서 수능시험을 보기 위한 단어 수가 7,000 ~ 8,000개쯤 된다니까 전체 단어 수의 1%도 안 되고, 사용하는 단어 중에는 5% 정도 되는 거네. 그렇게 많지 않지?

어쨌든 어마어마하게 많은 이 영어 단어들을 종류에 따라 구분해 놓은 게 품사(品詞)야. 그리고 이 품사의 종류를 영어 공부하면서 제일 먼저 배워.

하지만 좀 답답하지 않니? 이를테면 '동사' 같은 거. 우리말로 풀어 써도 될 것 같은데 한자어로 '動詞'라고 써. 아빠는 이것도 참 불편하다. 외국어(영어)를 배우는데, 그 말을 번역한 말이 또 외국어(한자)라니….

좋은 게 하나 있기는 해. 짧게 줄여 말할 수 있으니까. 그렇지만 그

말의 뜻을 정확히 모르면 입에만 달고 다니지, 사실은 아는 게 하나도 없는 것과 같아. 그래서 그 말들의 뜻과 그 말을 뭐라고 이름 붙였는지를 우리가 알아야 해.

영어에는 8개의 품사가 있어. 품사(品詞)를 영어로 하면 part of speech라고 해. 말의 구성 요소. 낱말이 말 속에서, 글 속에서 어떤 역할을 하는지에 따라 8개 부문으로 묶어 놓은 거야.

우리 말도 문법적으로는 9품사가 있다는 거 알고 있어?

모르지? 바로 그거야. 몰라도 다 재미있게 사는데 쓸데없이 구분해서 그걸 또 배워야 하는 거야.

문법이라는 게 말 잘하고, 잘 쓸 수 있으면 되는 건데 온갖 쓸데없는 말들을 다 늘어놓고 그걸 당연히 알아야 하는 것처럼 얘기하고, 그걸 또 시험이라고 보고….

음, 솔직히 너무나 많은 문법 용어들이 아무렇지도 않게 쓰이다 보니 도대체 영어를 왜 배우는지 아빠는 모르겠다. 전부 영문법 학자로 만들려나?

이런 걸 우리 아이들이 알아야 한다는 게 아빠는 슬프다. 우리나라의 영어는 너무 문법을 위한 문법이 되어버린 것 같아.

물론 이렇게 나누고, 한 단어로 정리해 놓은 것이 학문적으로는 많은 도움을 준 게 사실이야. 하지만 우리가 영어를 학문으로 할 건 아니잖아? 그냥 우리 말 하듯이 듣고, 읽고, 말할 수 있으면 되는데.

그래서 아빠는 아주 간단하게 영어의 규칙들을 정리해 보려는 거야. 우리가 배워왔던 수많은 문법 용어들을 다 잊고, 아빠가 정리해 놓은 것만 잘 읽어보면 돼. 그럼 영어를 훨씬 잘 이해하게 될 거야.

먼저 품사를 정리해보자.
영어에는 수많은 단어와 숙어들이 있지? 그 단어와 숙어들을 8가지로 나눠서 구분해 놓은 게 품사야.
어떻게 나눴는지 한 번 볼까?

세상에 있는 모든 것들을 부르는 이름이야. 아빠의 이름은? 권석, 권석은 그러니까 명사야.

기독교에서 신앙의 대상인 '하나님'의 이름을 알아?

'YHWH'야. 글로 적어놓기는 했는데 너무 신성해서 감히 부르지 못하다가 어떻게 읽는지를 아예 잃어버린 말, 이걸 요즘에 '야훼'라고 읽어.

이름이 없으면? 억지로 이름을 지어.

캥거루가 어떻게 이름 지어졌는지 알지? 옛날에(아마도 1770년쯤) 쿠크 선장(캡틴 쿡이라고도 해.)이 오스트레일리아에 갔다가 캉가루를 보고는 원주민에게 물었대. "저 동물 이름이 뭐요?" 그러자 원주민이 "캉가루!"라고 대답했대. 그래서 캉가루가 된 건데 사실은 원주민도 "몰라요."라고 대답한 거래. 그러니까 캥거루는 원주민 말로 '몰라요'란 뜻이야.

아빠가 캉가루라고 적으니까 이상하지? 다들 캥거루라고 말하지? 알파벳을 보면 kangaroo, 캉가루가 맞아. 근데 미국 사람들은 이것을 캥거루라고 읽어. 그래서 우리나라에서는 캥거루라고 하는 거야. 이게 말이야, 원래는 캉가루임에도 우리가 캥거루라고 말하면 캥거루가 맞는 거야. 근데 무조건 미국사람들 말만 따라 하는 건 옳지 않아.

'베니스의 상인' 알아? 영국 소설가 셰익스피어가 지은 이야기. 베니스(Venice)가 어디에 있을까? 이탈리아에 있는 도시야. 그런데 이탈리아에 가면 베니스라는 도시가 없어. '베네치아(Venecia)'야. 영어권 사람들- 영국 사람들이 베네치아를 베니스로 읽은 거야. 마치 '서울 구경'을 중국 사람들이 '한성 구경'이라고 하듯이. 우리나라에서도 나들 베니스라고 해. 이게 일마나 웃기는 일이니?

이런 일들이 참 많아. 영어로는 플로렌스(Florence)라고 하지만, 이탈리아에 가면 피렌체(Firenze), 영어로는 비엔나(Vienna)라고 하지만 오스트리아에 가면 빈(Wien)….

그래서 우리도 어떤 말을 듣거나 보면 그 말이 어디서 왔는지, 그 말을 사람들이 어떻게 말하는지를 잘 알아야 해. 그래야 바보가 되는 걸 피할 수 있어.

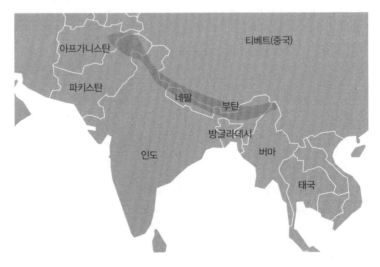

이름을 가지고 요즘 문제가 되는 게 있어. 바로 에베레스트 산.
에베레스트 산은 히말라야 산맥에 있는 가장 높은 산 이름이야.

세계에서도 가장 높지. 8,848m. 히말라야 산맥은 서쪽으로는 아프가니스탄에서부터 파키스탄, 인도를 거쳐 네팔과 부탄, 중국, 그리고 미얀마에 이르기까지 펼쳐져 있는 어마어마한 산맥이야. 길이가 2,400km. 지구 둘레의 약 1/6이나 되는 길이야.

에베레스트 산을 인도에서는 그냥 15호봉(peak 15)이라고만 불렀대. 그러다가 1852년에 인도의 측량국장이던 조지 에베레스트가 세계 최고봉임을 확인하고, 이 사람의 이름을 따서 1865년부터 이 산을 에베레스트라고 불렀어.

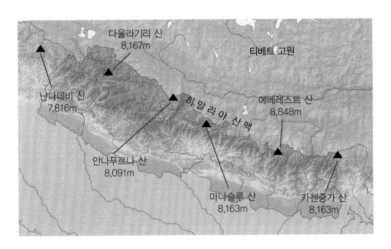

그런데 티베트 사람들은 오래전부터 이 산을 초모룽마(Chomo Lungma: 세계의 어머니 神)라고 불렀어. 그래서 중국에서도 이 산을 주무랑마(珠穆朗瑪)라고 불러.

네팔에서도 부르는 이름이 있겠지?

사가르마타(Sagarmatha).

자, 이제 우리는 이 산을 어떤 이름으로 불러야 할까?

우리 동해(東海)를 일본 사람들이 Sea of Japan이라고 부르더니, 결국 여기저기의 지도에 그들이 먼저 'Sea of Japan'으로 표기했어. 우리 이름을 잃어버린 거야. 요즘에 East Sea와 병기(倂記 또는 竝記: 함께 나란히 적다.)하자고 미국에서도 한창 청원운동이 벌어지고 있지?

우리는 '동해'라 하고, 일본 사람들은 '일본해'라고 주장하는 것 가지고도 옳다, 그르다를 따지는데, 만약에 영국 사람이 우리 동해를 '조지 바다' 나 '맥밀란 바다', 이렇게 불렀다면 우리 기분은 어땠을까?

아빠는 어쨌든 에베레스트라는 이름은 바꿔야 한다고 생각해. 수천 년의 역사를 가지고 그 지역에 사는 사람들이 부르는 이름이 있는데 느닷없이 에베레스트라니….

아빠가 딴 이야기를 무지하게 했다. 그렇지?
하지만 이름을 갖는다는 것은 이렇게 중요하단다.

Noun :

A word that names a person, place, or thing.

 boy    crayon    school

명사가 뭔가 하는 걸 나타내는 말이야.

사전에는 뭐라고 나와 있나 볼까?

"사물의 동작이나 작용을 나타내는 품사. 형용사, 서술격 조사와 함께 활용을 하며, 그 뜻과 쓰임에 따라 본동사와 보조동사, 성질에 따라 자동사와 타동사, 어미의 변화 여부에 따라 규칙동사와 불규칙 동사로 나뉜다."

아이고…. 분명히 우리 말인데 도대체 무슨 소리를 하고 있는 거냐? 게다가 또 나뉘어? 누가 나눠? 이건 학자들이 나눈다는 말이야. 너는? 전혀 나눌 필요 없어. 누가 뭐라고 하든 간에 네 생각을 남들이 정확히 알 수 있도록 똑바로 말만 하면 돼.

"우리 딸은 요즘 Fun.이라는 그룹에 푹 빠져 있어요."

동사는? 명사가 뭔가 하는 거.

그러니까 우리 딸이 빠져있는 거. '빠져있다'가 동사야. 쉽지?

동사를 영어에서는 'doing words'라고 해. '~하는 말'.

액션이지. 사람이 몸으로 하는 것(to swim, to write, to climb), 마음으로 하는 것(to think, to guess, to consider) 모두.

그런데 사실 어떤 액션만을 얘기하는 게 아니라 상태를 얘기하기도 해(a state of being). to be, to exist, to appear…와 같은.

물론 am, are, is와 같은 말도 당연히 동사지.

이건 명사(대명사)가 어떻다는 걸 나타내는 말이야. 성질이나 상태를 말해. 꾸며주는 말이지.

'위대하고 현명하신 아빠'에서 아빠를 나타내는 '위대하고 현명하신'이 형용사야. 으하하!

형용사는 대개 우리 말로 받침이 'ㄴ'으로 끝나는 말들이래. '아름다운', '웃긴', 귀여운' 등등. 근데 이것도 믿을 수가 없어. 왜냐하면 'ㄴ'으로 끝나는 말이 모두 형용사는 아니니까. 'ㄴ'으로 끝나는 말 중에 형용사가 아닌 것 한번 찾아보세요.

이 녀석을 한번 보자. 토끼지? 이걸 영어로 하면?

It is a rabbit.

이 녀석은 털이 복슬복슬하지?

It is a furry rabbit.

rabbit이란 명사를 묘사하고(꾸며주고) 있는 게 furry잖아? 그러니까 furry는 형용사.

이 토끼를 순이가 기르고 있는 거라면 Sunee's rabbit.

그렇다면 rabbit을 꾸며주는 Sunee's도 형용사.

쉽지? 명사나 대명사를 describe 하거나 modify 하는 말.

그러나 우습게 보면 안 돼. 왜냐하면, 이 형용사에는 특별한 단어가 세 개 있어. 우리가 영어를 보면 가장 많이 나오는 말. 바로 the, a, an.

하지만 언제 a, an, the를 붙이는지 몰라 어렵게만 느껴지는 이 세 단어. 우리는 이걸 관사(冠詞, article)라고 부르지.

a, an은 부정관사라 하고, the는 정관사라고 해. 이제 이 관사를 확실히 알아보자. 어떻게 쓰는지도.

왜 a, an을 부정관사라 했을까? 不定- 정해지지 않았다는 뜻인데, the는 정관사네. 定- 이건 정해졌다는 뜻이고.

바로 이 뜻 그대로야. 정해진 것은 the, 정해지지 않은 것은 a나 an. 그럼 무엇이 정해졌다는 것일까? 그건 바로 말을 하는 사람과 듣는 사람, 글을 쓴 사람과 읽는 사람 사이에 정해진 것은 the, 정해지지 않은 것은 a나 an을 쓴다는 뜻이야.

Mark wants a bicycle.

Mark wants the bicycle.

첫 번째 a bicycle은 그냥 자전거 한 대를 원한다는 뜻이야. 아무 자전거나 한 대만 있으면 정말 좋겠다는 뜻이지. 두 번째 the bicycle은 뭔가 사고 싶은 자전거가 있는 거야.

그렇다면 다음 ( ) 안에 들어갈 관사는 a일까, the일까?

Can you give me ( ) book on the table.

the야. 왜냐하면, on the table이란 말로 듣는 사람이 그 책을 알게 하고 있잖아. (定)

이렇게 듣는 사람이나 읽는 사람이 그게 뭔지를 알려주고는 the를 쓰는 문장이 엄청나게 많지.

I have a cat. The cat is black.

이 문장도 잘 봐봐. 처음에는 a cat이라고 썼지? 듣는 사람이 모르니까. 근데 바로 뒤 문장에서는 the cat이 되잖아. 이젠 알거든. 내가 고양이 한 마리를 갖고 있다는 것을.

음…. 신기한 문제를 내 볼까?

① My mom is in the kitchen.
② My mom is in a kitchen.

이렇게 말한 두 사람 중 누가 더 부자일까?

대개 부엌은 한 집에 하나밖에 없잖아. 그래서 듣는 사람이 모르더라도 ①번 문장처럼 the를 쓰는 게 일반적이야.

그런데 ②번 문장은 a를 썼네. 이건 부엌이 여러 개 있고, 그중 하나에 엄마가 계시다는 뜻이잖아. 아니, 집이 얼마나 넓길래 부엌이 여러 개인 거야?

②번 문장을 말하는 친구는 부자다. 확실하다.

참, a, an은 단수에만 쓸 수 있지만, the는 단수 복수 다 쓴다.

I saw bears in Mt. Jiri. (○) 지리산에서 곰들을 봤어요.

I saw a bears in Mt. Jiri. (×)

I saw the bear in Mt. Jiri. (○)

I saw the bears in Mt. Jiri. (○)

Adjective :

A word that describes a noun.

 five

 red

형용사가 명사의 상태나 성질을 나타낸다면 부사는 명사를 제외한 다른 품사들의 상태나 성질을 나타내는 말이야. 제일 많게는 동사를 꾸며준다고 보면 돼. 물론 형용사도 꾸며주고, 심지어는 부사가 부사를 꾸며 줄 때도 있고, 문장 하나를 통째로 꾸며주기도 해.

'석현이는 공부해요.'에서 석현이는 명사, 공부해요는 동사지? 근데 '석현이는 열심히 공부해요.'라고 하면 바로 이 '열심히'가 부사인 거야. 동사 '공부해요'를 꾸며주잖아.

'희연이는 예뻐요.' 에서 '희연이는 매우 예뻐요.' 하면 '매우'가 부사가 되는 거야. '예쁘다'라는 동사를 꾸며주지? 또 있어.

'윤서는 카트라이더를 매우 잘해요.' 하면 부사 '매우'가 꾸며주는 건 뭐게? '잘'을 꾸며주는 거야. '잘'의 품사는? '해요'라는 동사를 꾸며주는 부사야. 그러니까 부사가 부사를 꾸며주는 경우야.

날씨가 꾸물꾸물하더니 네가 학교에서 오자마자 비가 막 퍼붓기 시작한 거야. 이때 이렇게 말하지. '다행히도 나는 비 맞지 않았다.' 바로 '다행히도'가 '나는 비 맞지 않았다.'라는 문장 전체를 꾸며주는 부사야.

부사는? 명사 빼고 이것저것 다른 말을 꾸며주는 말.

부사는 한 마디로 맛깔 나는 양념이야.

육하원칙이라고 알지? 흔히 5w1h라고 하는.

그래, what - who - when - where - why의 5w와 how의 1h야. 부사는 문장에서 이걸 얘기해 줘. 볼래?

Nell sang a song.

넬이 노래 불렀어. 언제(when)?

Yesterday, Nell sang a song.

어제. 바로 yesterday가 부사야. 그럼 어디에서(where)?

Nell sang a song here.

여기에서. here가 부사지. 이번엔 왜(why)?

Nell sang a song because they love sing.

'because they love sing'이 부사인 서야. 이번엔 어느 정도 까지
(to what extent)?

Nell did not sing a song.

아예 하지 않았어. not이 부사인 거야. 마지막으로 어떻게(how)?

Nell sang a song happily.

행복하게.

부사가 얼마나 좋은 양념인지 알겠지? 5w1h에서 who만 빼놓고 나머지를 표현해내는 아주 재미있는 녀석이야. who는 명사잖아.

맨 처음 when은 시간을 나타내지? 문장에서 동사의 시간을 나타내주는 말이 여기에 해당돼. before, after, never, soon, daily, weekly, then, today와 같은 단어들.

다음 where는 장소를 말하겠지? here, there, away, in, out, inside, outside, somewhere처럼.

what은 to what extent, 즉 정도(degree)를 말하는 거야. very, too, almost, also, only, so, rather와 같은.

how는 우리가 가장 일반적으로 알고 있는 부사야. 어떻게? 에 대한 답이지. really, slowly, cheerfully, easily와 같은.

why는 행동의 이유를 말하기도 하고 행동의 방식(manner)을 얘기하는 말이기도 해. 근데 행동의 방식은 how라고 봐도 문제없고, why에 대한 것은 because~와 같은 구나 절의 형태로 나타나.

정리해 놓으니까 다른 문법책처럼 보이네! 굳이 외우려고 하면 안돼. 자, 다시 얘기할게. 부사란 동사를 describe 하거나 modify 하는 말이야. 물론, 동사 외에 형용사나 다른 부사까지도. 그러니까 이게 부사인지 아닌지는 문장 안에서 결정된다는 거지. 무슨 말이냐면 저기 위에 today 보이지? 시간에 대한 부사라고 정리해 놓은. 그럼 today가 항상 부사야?

절대 아니지?

Today is also a noun.

today는 명사이기도 해.

이렇게 문장 안에서 그 역할에 따라 품사가 달라지는 거야. 그래서 아빠가 문장을 봐야 한다고 얘기하는 거고.

지금 얘기하고 있는 품사는 네가 생각하는 것보다 훨씬 중요하단다. 왜냐하면, 네가 품사를 정확하게 구분할 수 있게 되면 그 문장의 뜻을 정확하게 알게 되거든. 그럼 문법이 무슨 필요가 있겠어?

품사를 얘기하다 보니 describe와 modify라는 말이 자주 나오네? 정확히 알고 가자.

---

describe[디스끄라이-ㅂ]

1. If you describe a person, object, event, or situation, you say what they are like or what happened.

2. If a person describes someone or something as a particular thing, he or she believes that they are that thing and says so.

1. 당신이 사람이나 사물, 사건, 상황을 describe 한다면, 그것은 당신이 그것들이 무엇과 닮았는지를 말하거나 어떤 일이 일어났는지를 말하는 것이다.

2. 한 사람이 누군가를 또는 무엇인가를 특별히 어떤 것과 같다고 describe 하는 것은 정말로 같다고 생각하는 것이고, 그렇게 말했다고 믿는 것이다.

그래, describe 한다는 것은 내가 보거나 듣거나 느낀 것을 설명하거나 보여주는 것이야. 장님 코끼리 만지기라는 이야기 알지? 거기에서 장님이 얘기하잖아, 음…. 이건 우둘투둘하고 딱딱한 것을 보니 벽이군요. 이게 describe 하는 거야.

동사를 describe 한다는 것은 동사의 어떤 상태를 얘기하려는 거지. 그래서 4w1h에 비교하여 동사의 상황을 나타내고 있어.

---

modify [마러퐈이]

1. If you modify something, you change it slightly, usually in order to improve it.

2. A word or group of words that modifies another word describes or classifies something, or restricts the meaning of the word.

1. 당신이 무엇인가를 modify 한다는 것은, 그것을 조금 바꾸는 것이다. 보통은 더 좋은 쪽으로.

2. 단어 한 개, 또는 여러 단어를 다른 어떤 단어로 modify 한다는 것은 그 단어를 묘사(describe)하거나 분류하거나 단어의 뜻을 한정하

는 것이다.

modify란 좀 더 구체적으로 그 뜻을 나타내기 위한 것이구나.
결국, describe 하거나 modify 하는 것은 달리 정확하게 표현해
보려는 거구나. 아빠가 말한 양념이란 말이 맞구나. 하하!

Adverb :
A word that describes or modifies verbs, adjectives, and
other adverbs.

언니에게 물어봐.
"언니, 전치사 어려워?"

아마 네 언니 답:
"어려워, 어려워. 언니도 다 몰라!"

이 전치사는 문제가 많이 나와. 엄청나게. 왜냐하면, 문제내기 좋거든. 다음 (   ) 안에 들어갈 말은? 이런 식으로 많이 나와.

전치사는 말 그대로 앞에(前) 위치한(置) 말이야. 어떤 말 앞에 위치하느냐면 명사 앞에. 그리고 몇 가지 뜻을 가져. 이 전치사가 우리 말과 가장 반대되는 말이야. 우리나라 말은 후치사(後置詞)거든. 볼까?

책상 **위에,**   on the desk

봐! 우리 말은 책상이란 명사 뒤에 '위에'라는 말이 오지만, 영어는 'on'이 desk라는 명사 앞에 오잖아. 그래서 전치사야.
그리고 문장 속의 다른 말과 결합해서 여러 가지 뜻을 나타내는 거지.
전치사가 여러 개 있지만, in, on, at, to, of, about, with 등이 가장 많이 쓰이는 전치사야. 몇 개 안 되는 전치사가 왜 어렵냐고? 쓰임새가 많아서 그래. 그러니까 어렵다기보다는 너무 뜻이 많아 다 알지 못한다가 정답이야.

우리가 영어를 읽다 보면 짜증 날 정도로 많이 나오고, 또 그때그때 뜻이 달라지기도 하니까 때려주고 싶을 때도 있어. 그러나 역시 이것도 외운다고 되는 게 절대 아니야. 영어책을 많이 읽으면서 어떤 뜻이라고 개념만 집으면 돼.

그럼 이런 전치사를 왜 쓸까? 미국 사람들은 잘도 쓰지? 이게 원래는 명사(대명사) 앞에 쓰여서 문장 속의 다른 말과의 관계를 나타내려고 하는 거야.

A notebook is **on** the table.

table이라는 명사 앞에서 table과 notebook과의 관계를 나타내는 말이지. 영어로는 관계(relationship)라고 하지만 우리말로 하면 연결이 더 맞을 것 같다, 다른 단어와의 연결.

It's a container **for** cheese.

치즈와 컨테이너(통)를 연결해 주고 있지? 이건 치즈 통이다.

이렇게 전치사가 연결해주는 모든 경우를 놓고 보니까 크게 세 가지야. 물론, 아주 조금 예외가 있기는 한데 전치사는 세 가지의 경우를 연결해 준다고 생각해도 아무 문제 없어.

그 세 가지가 뭐냐고? 시간, 장소, 방향이야. 이 세 가지를 설명하기 전에 전치사들이 어떤 연결고리를 가졌는지 한 번 보자.

명사는 시니컬한 이 녀석으로 하자.

표정 죽인다. 음악 좋아하는 이 녀석의 이름을 뭐로 할까? 뮤직 + 시니컬 = 뮤컬. 그래, '무걸'이로 하자.

on	over	above	
beneath	under	below	underneath

between	in	out	inside	outside

through	beside	around	into	out of
	next to			
	by			

along	across	from	towards

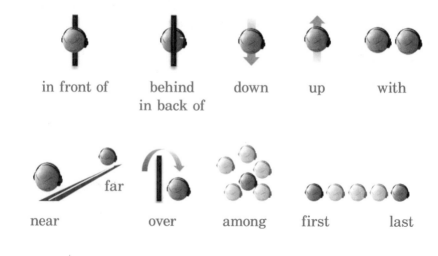

in front of   behind   down   up   with
in back of

near   far   over   among   first   last

무걸이와 다른 것들과의 관계를 그림으로 만들어 놓은 거야. 그
림을 잘 봐야 해. 이를테면, on은 면에 붙어 있어, over는 떨어져
있고. 그러니까 over는 윗면에 있는 게 아니고 더 높이 있는 거야.
above는 낮은 데서 높은 곳을 보는 느낌이고.

전치사는 세 가지 연결고리를 가신다고 그랬지? 시간과 장소, 그리
고 방향. 이제 전치사가 어떻게 쓰이는지 보자.

| 시간을 말하는 전치사 |

on Monday

in August / in winter / in the morning / in 2006 / in an
hour

at night / at the weekend / at half past nine

since 1980

for 2 years

2 years ago

before 2004

ten to six (5:50)

ten past six (6:10)

from Monday to/till Friday

He is on holiday until Friday.

I will be back by 6 o'clock. / By 11 o'clock, I had read five pages.

| 장소를 말하는 전치사 |

in the kitchen / in Seoul / in the book / in the car / in a taxi / in the picture / in the world

at the door / at the station / at the table / at a concert / at the party / at the cinema / at school / at work

the picture on the wall / Seoul lies on the river of Han. / on the table / on the left / on the first floor / on the bus / on a plane / on TV / on the radio

Jane is standing by / next to / beside the car.

The bag is under the table.

the fish are below the surface

put a jacket over your shirt / over 16 years of age / walk over the bridge / climb over the wall a path **above** the lake

| 방향을 말하는 전치사 |

walk **across** the bridge / swim **across** the lake

drive **through** the tunnel

go **to** the cinema / go **to** Seoul / go **to** bed

go **into** the house

a flower **from** the garden

go 5 steps **towards** the house

jump **onto** the table

다른 건 다 무걸이가 하는 걸 봐라. 대부분 이해가 될 거야. 다만 at은 그림에 없으니 잠깐 보자.

at의 뜻은 무엇이고, 어쩌고, 저쩌고 하는 것은 무의미해. 다시 말하지만, 외우려고 하면 안 돼. 그냥 관용적으로 쓴다고 이해하는 게 좋아. 무조건 습관적으로 쓴다는 말이야.

at의 뜻을 굳이 말하자면 '~에 있다'라는 뜻이야. 그러니까 이 메일 기호인 @이 at인 거야. 아빠의 이 메일 주소인 hakwonseok@gmail.com 하면 gmail에 있는 hakwonseok이란 얘기지.

to stand **at** the door 입구에 서 있는 거야. 이때의 at이 어떤 느낌이냐면 공간을 차지하고 있는 특정한 장소.

시간에 쓰이면 특정한 시간을 말해.

at half past nine은 9시 반에 있는 거야.

그래. at은 이렇게 어느 점(point), 즉 어느 순간을 얘기하는 전치사인 거야.

She learned Korean at 55. 그녀가 55살 때에 한국어를 배운 거야. 이렇게 범위를 좁혀서 얘기하는 거지.

at이 쓰인 문장을 읽다 보면 at에 대해 더 자세한 느낌을 가질 수 있어. at뿐이 아니고, 모든 전치사가 그래. 전치사는 말과 말을 연결해주는 것이라는 걸 잊지 말고 부지런히 영어 문장을 보자.

노홍철이 영어 하는 거 봤지? 좀 허전하고 답답하지 않냐? 근데 그게 많은 사람들이 영어로 얘기하는 방법이야.

어떻게 하는지 볼래?

"I! Go! Busan! Monday!"

무슨 말인지 알겠지? 월요일에 부산에 간대. 알아먹긴 하겠는데 이게 영어는 아니지? 왜 그럴까?

조금만 고쳐볼까?

"I! Go to Busan on Monday!"

야, 전치사 두 개 넣으니까 번듯해진다.

"I will go to Busan on Monday!"

이러면 완전한 문장인데…. 그래, 이거야. 전치사를 못 쓰니까 우리 영어가 엉망이 된 거야. 전치사를 넣어서 말하는 법을 배우면 영어 끝이지.

Prepositions :

A word that shows the relationship between a noun(pronoun) and some other word in the sentence.

어려운 문법어를 우리 말로 바꾸면서 움직씨니, 이름씨니 하는 것은 아빠도 좋다고 생각해. 근데 대이름씨가 뭐냐? 대이름이라니. 쯧쯧!

대이름, 이러면 대나무 이름인 줄 알지.

아빠 생각은 가리킴씨가 좋다고 생각해. 뭔가를 가리키는 말.

이 대명사에 가장 유명한 말이 뭔지 알아? 바로 전라도에서 쓰는 '거시기'란 말이야.

박종훈이 주인공으로 나왔던 '황산벌'이란 영화 기억해? 그 영화에서 이 '거시기'라는 말 때문에 웃기는 이야기가 많이 나오잖아.

"쪼끔 거시기한 게 우리 거시기 해불세!"

"조금 상황이 안 좋은 것 같으니 우리 이런 방법으로 하세!"

이 말을 '거시기'로 다 통일해버린 거야.

또 대명사를 가장 잘 쓰는 네 엄마.

"거~, 그거 위에 있잖아~!"

엄마 말에 50%는 대명사인 것 같아.

"우리 예쁜 강아지~!" 할 때의 강아지도 우리 아이를 가리키는 대명사. 명사를 대신해서 부르는 말이야.

대명사에 뭐 뭐 있나 볼까? 대명사는 놀랍게도 9가지로 나누어져.

할 말이 많지만 우선 알아보자. 그리고 그것이 얼마나 작위적인지도 한 번 보자.

1) 인칭대명사(Personal pronouns)
   he, they, you….

2) 지시대명사(Demonstrative pronouns)
   this, these, those….

3) 의문대명사(Interrogative pronouns)
   which, who, what, whom….

4) 부정대명사(Indefinite pronouns)
   none, several, anything, nobody….

5) 소유대명사(Possessive pronouns)
   his, your, my….

6) 상호대명사(Reciprocal pronouns)
   each other, one another

7) 관계대명사(Relative pronouns)
   which, where, who….

8) 재귀대명사(Reflexive pronouns)
   itself, himself….

9) 강조대명사(Intensive pronouns)
   itself, himself….

아이고! 이렇게 정리해 놓은 사람들 참, 대단하다. 어쨌든 하나씩 보자.

인칭대명사: 이건 제목부터 틀렸다. 인칭(人稱)이라면 사람을 부르는 대명사인데, 사물을 대신하는 it과 they도 포함되어 있거든. 차라리 사적(私的) 대명사나 개개(個個) 대명사가 낫겠다.

지시대명사: 뭘 가리킨다고 지시 대명사란다. 이렇게까지 나눠놔야 학문인가?

의문대명사: 이건 의문사로 우리가 많이 알고 있는 거지. 그래, 이건 종류가 좀 다른 것 같기도 하다. 물론, 의문문에 쓴다고 이렇게 나누어 놨겠지만….

부정대명사: 부정(不定), 정해지지 않은 것을 부른다고 또 하나 나눠놨구나. 참 열심히들 나눈다.

소유대명사: 이건 인칭 대명사의 소유격을 말하는데, 파생된 것도 나누어야 하나?

상호대명사: each other와 one another 두 개밖에 없는데도 상호 간을 대신한다고 나눠 놨네.

관계대명사: 이건 우리 아이들을 엄청나게 괴롭히는 거네. that까지는 알겠는데 이게 정확히 뭐다라고는 대답을 못 하는. 조금 있다가 이거 깨끗하게 정리해 줄게.

재귀대명사: 혹시 재귀(再歸)가 무슨 말인지 아니? -self 붙으면 재귀라고 알고 있지? 이게 뜻 모를 외국어(영어)를 배우는데, 또 알지 못하는 외국어(한자어)로 우리 당혹스럽게 만드는 대표적인 예다.

재귀는 '다시 재, 돌아올 귀' 해서 다시 돌아온다는 뜻이다. 그럼 다시 돌아온 대명사네. 이건 또 무슨 뜻이지?

I saw myself in the mirror.

아, 앞에 있는 명사 I를 또 불러온 거네. 그래서 영어로는 반사(reflexive) 대명사라고 했구나. 우리 말로 다시 돌아온다고 했고.

I saw me in the mirror는 왜 안 되지? me 대신에 myself를 쓴 건데. 이건 한번 알아봐야겠다.

그리고 마지막으로

강조대명사: 이건 재귀대명사랑 똑같은데 왜 나눠놨을까?

My sister herself paid for my pizza.

내 언니가, 그녀가 내 피자값을 내줬어.

아주 고마웠구나. 그래서 강조한 거네. 응? 근데 herself를 빼도 그대로 문장이 되네. My sister paid for my pizza.

그래. 그래서 강조라고 한 거야. 없어도 되는데 한 번 더 써서 환기시켜주는 것.

이렇게 9가지나 되는 대명사의 종류를 우리는 다 봤다. 소감이 어때? 이 아홉 가지를 다 알면, 영어가 늘 것 같애?

미안, 미안. 너도 이젠 알지? 이런 건 정말 도움이 안 돼. 그냥 이렇게 정리하자.

대명사에는 대명사, 의문사, 관계대명사의 세 종류가 있다.

다른 건 글자 그대로 알면 되고, 그 말 많은 관계대명사를 함께 보자.

먼저 관계대명사는 영어로 relative pronoun이야. 이걸 우리말로 바꾼 게 관계대명사지. 그런데 이 말을 연결 대명사 또는 접속 대명사로 바꿔봐. 그럼 느낌이 딱 오지? 그래. 두 문장을 연결하는 대명사인 거야.

그리고 연결할 때 따라 오는 문장 – 이걸 절(節, clause)이라고 하는데, 이 절은 형용사야. 무조건.

형용사는 어떤 품사를 꾸며주지? 명사. 그래, 관계대명사가 이끄는 절은 모두 명사를 꾸며주는 형용사란 얘기야. 그리고 관계대명사 뒤에는 구(句, phrase)가 오지 않는단다.

word(단어, 낱말): 의미를 갖는 가장 작은 단위

상어(shark)

phrase(구, 句): 동사 없이 2개 이상의 단어로 구성되어, 한 단어처럼 쓰이는 단어의 그룹.

7m짜리 백상어(a 7m white shark)

clause(절, 節): 주어와 서술어, 즉 명사와 동사가 들어 있어 하나의 문장처럼 보이지만, 문장의 일부가 되는 단어의 그룹

7m짜리 백상아리가 나타나자(when a 7m white shark appeared)

sentence(문장): 하나 이상의 절을 포함하고 있고, 완벽하게 하나의 생각을 전달하는 단어의 그룹.

7m짜리 백상아리가 나타났다. (A 7m white shark appeared.)

complex sentence(복문): 절 + 문장

7m짜리 백상아리가 나타나자 그녀는 뭍으로 헤엄치기 시작했다. (When a 7m white shark appeared, she swam back towards the shore.)

compound sentence(중문): 문장 + 문장

7m짜리 백상아리가 나타났고, 그녀는 뭍으로 헤엄치기 시작했다. (A 7m white shark appeared, and she swam back towards the shore.)

무슨 계속적 용법이나 제한적 용법 이런 게 아니고 명사를 꾸며주는 형용사 절을 이끄는 단어를 관계대명사라고 해.

아무것도 아니지?

케이크가 하나 있어. This is a cake.
채원이가 만든 거야. Chaiwon baked this cake.

그럼 이걸 하나로 합치는 거야.

This is a cake that Chaiwon baked.

이게 관계대명사야. 중복된 단어(명사 cake)를 하나로 합쳐주는 것. 그래서 relative pronoun이라고 한 거야.

관계대명사에는 뭐가 있을까? who, that, which 3개야. 명사는 사람 아니면 사물이니까 사람을 꾸밀 때에는 who, 사물을 꾸밀 때에는 which, 사람이든, 사물이든 아무 때나 쓸 수 있는 that. 이렇게 3개야.

다만, who의 경우는 꾸미는 것이 명사 자체인지(주격- who), 명사가 가지고 있는 무엇인지(소유격- whose), 그 명사를 목적어로 하고 있는 것인지(목적격- whom)에 따라서 달라질 뿐이지 다른 관계대명사는 다 똑같아.

그렇다면 whose와 whom을 합치더라도 5개가 다야. 그럼 what이 관계대명사야? 아니지? when은? 아니지?

그런데 왜 우리나라의 문법책에는 관계대명사의 종류가 왜 그렇게 많은지.

자, 다시 정리할게. 관계대명사는 형용사 절을 이끈다. 형용사 절도 명시를 꾸며주는 형용사다. beautiful과 같은.

관계대명사는 5개밖에 없다. who, whose, whom, which, that.

관계대명사를 쓰는 이유는 중복되는 명사가 있는 두 개의 문장을 한 문장으로 쓰기 위해서다. 끝.

허망하지? 정말 관계대명사는 이게 다냐고? 다야. 우리가 알아야 할 관계대명사는 이게 다야.

얘기가 나왔으니 관계대명사 예문들은 한 번 봐야겠지?

지수는 우리가 아는 여자애야. JiSoo is the girl.

지수가 1등 했단다. JiSoo won the prize.

자, 두 문장을 하나로 만들어 보자. 먼저 관계대명사는 뭘 쓰지? who?

그렇지! 지수는 사람이니까.

그럼 간단하지, 뭐.

JiSoo is the girl who won the prize.

지수를 지난여름 캠프에서 만났다면….

I met her at camp last summer.

여기서는 JiSoo = her지? 위 문장에서 her가 목적어로 쓰였지? 그럼 관계대명사는 뭐게?

그렇지! whom. 그러면

JiSoo whom I met at camp last summer won the prize.

지수의 리본이 참 예뻐. Her ribbon is pretty.

이럴 때의 관계대명사는 whose.

JiSoo whose ribbon is pretty won the prize.

자, 맨 처음 who는 두 개 문장의 주어가 모두 JiSoo야. 둘 다 지수에 대해 얘기하는 거야.

두 번째 whom에서 하나는 JiSoo가 주어이고, 하나는 내가 주어야 (I). 내가 그녀를 만났다는 이야기를 하고 있어. 주어는 서로 다르지만 지수는 공통으로 나오잖아. 다만 두 번째 문장에서는 목적어로.

이때 목적격인 whom을 쓰는 거야.

세 번째 문장에서는 JiSoo와 JiSoo의 리본이 주어이지? 리본은 JiSoo 거잖아? 그러니까 소유격이 되는 거야. whose

거꾸로 who가 나오면 '두 개의 문장으로 나눌 때 둘 다 주어가 같겠구나.'라고 생각하고, whom이 나오면 '하나의 문장에서는 주어, 또 하나의 문장에서는 목적어가 되겠구나.'라고 생각하면 돼.

또 whose가 나오면 하나의 문장에서는 주어, 또 하나 문장의 주어는 주인공이 가지고 있는 무엇.

이렇게 이해하면 관계대명사 who, whom, whose중 어떤 것이 나와도 끝!

이제 which를 볼까? which는 사물에 쓰지?

음…. 예문은 스파게티로 하자. 우리가 모두 좋아하는.

① 스파게티는 맛있다.

Spaghetti is delicious.

② 많은 사람이 스파게티를 좋아한다.

Many of us enjoy spaghetti.

③ 스파게티는 먹고 나면 지저분해진다.

Spaghetti can be messy.

① + ②

Spaghetti, which many of us enjoy, is delicious.

Many of us enjoy spaghetti which is delicious.

② + ③

Many of us enjoy spaghetti which can be messy.

Spaghetti, which many of us enjoy, can be messy.

③ + ①

Spaghetti which is delicious can be messy.

Spaghetti which can be messy is delicious.

어렵지 않지?

마지막 that.
that은 사람이나 사물에 모두 쓸 수 있댔지? 그러니까 위에 나오
는 문장도 모두 that으로 바꿔 쓸 수 있지.

Jisoo is the girl that won the prize.
Spaghetti, that many of us enjoy, is delicious.

그러면 관계대명사는 모두 that으로 쓰면 되겠네. who나 which,
그리고 whom, whose도 모두 잊고! 아빠도 이렇게 말하고 싶지만,
현실은 그렇지가 않아.
무슨 말이냐면 which는 that으로 바꿔 쓸 수 있지만, 사람에 대
해서 that을 쓰면 영어권 사람들이 좋아하지 않아. 기분 나빠하는
거지. 그래서 사람에 대해서는 who를 쓰는 게 대세야. 어쩔 수 없이
우리는 다 알아야 하고 정확히 쓰는 게 좋아.

Pronoun :
A word that takes the place of
noun. Pronouns can do all of the
things that nouns can do.

she

he

이건 설명 안 해도 알겠지? 여자애들이 쓰는 "어머!"라는 말이 바로 감탄사야. 본능적인 놀라움이나 느낌을 나타내는 말.

Oh! 나 Oh my god! 정도. 아빠는 영어에서 감탄사를 많이 못 봤어. 우리 말에 비하면.

우리 말은 감탄사가 참 많아. '저런!'도 감탄사고, "아니, 이럴 수가!"에서 '아니'도 감탄사야.

영어의 감탄사는 대개 문장의 첫머리에 와. 물론, 항상 그런 건 아니지만.

Yes! 더할 나위 없었다! 장그래!
Oh dear! Does it hurt? 이런 애야! 다쳤니?
Oh! You're here! 여기 있었네.

물론, 문장 중간에도 쓸 수 있어.

85 divided by 5 is…. um, 17.
85를 5로 나누면…. 음, 17이네.

눈이 많은 영동 지방 할머니께서 했음직한 말.

"아이고, 눈이 또 오네. 휴!"

"Ah, it's snowing again. huh~"

ah나 huh 모두 감탄사야. 문장 끝에도 오지?

또 감탄사는 문장의 다른 부분과 거의 문법적인 관계가 없어. 그야말로 별동대(別動隊)야, 별도로 움직이는 부대.

감탄사는 우리말도 그렇지만 영어에서도 공식적인 자리나 문서에는 쓰지 않는단다.

Interjection :

A word that expresses emotions
and feelings.

oops!

아빠가 이 접속사의 한글 이름을 모르겠다. 근데 있다면 아마 이음씨 정도.

주시경 선생님은 접속사를 '잇'이라고 했어. 뜻도 금방 알겠지? 말들을 이어주는 말.

그래서, 하물며, 그러나 등이 대표적인 말이야.

이 접속사는 and나 but 등으로 그냥 쉽게 넘어가는데 이게 그렇지가 않아. 조금 긴장해야 돼.

우선 접속할 게 뭐가 있겠어? 접속, 그러니까 이상해? 그럼 연결로 하자. 말하는데 연결할 게 뭐가 있을까?

단어와 단어, 구와 구, 절과 절, 그리고 문장과 문장.

이 연결하는 단어 중 대표적인 것만 볼까?

and 비슷한 단어나 문장을 연결

> I have a pencil **and** an eraser.
> 연필 한 자루와 지우개 한 개를 갖고 있어요.

> John **and** Jane are neighbors.
> 존과 재인은 이웃입니다.

but 반대되는 단어나 문장을 연결

Jack is poor **but** he is happy.
잭은 가난해요. 하지만 행복합니다.

She fell into the drain **but** was not hurt.
그녀는 하수구에 빠졌어요. 그렇지만 다치지 않았어요.

because 이유를 말할 때

We could not sleep **because** it was too hot.
우리는 잠을 못 잤어요. 왜냐하면, 너무 더웠거든요.

so 결과를 말할 때

It was raining, **so** the game was cancelled.
비가 왔어. 그래서 게임이 취소됐어.

or 선택

You can order pizza **or** fried chicken.
피자나 프라이드 치킨 중에 주문할 수 있어요.

if 조건을 말할 때

If you see Jihoon, tell him that Jisoo wants to see him.
지훈을 보면 지수가 보고 싶어한다고 전해주세요.

although 반대되는 두 개의 문장을 연결

Although he is tired, he continues working.
그는 힘들어요. 그래도 계속 일하고 있어요.

이외에도 both ~ and, not only ~ but also, not ~ but, either
~ or, neither ~ nor, whether ~ or, as ~ as와 같은 말들도 다
접속사야.

그런데….

그런데 접속, 연결…. 이런 말들을 잘 생각해 봐. 이 외에도 또 있
지? 그래. 우리가 관계대명사 정리할 때 그랬잖아, 관계라는 말을 연
결이나 접속으로 바꿔보자고.

관계대명사도 두 문장을 연결하는 거지? 그리고 전치사도 문장 속
의 단어와 단어의 관계를 연결하는 거였지? 또 있어. 관계부사.

관계부사도 연결 부사야. 결국, 다 접속사네.

그래서 아빠가 조금 긴장해야 한다고 얘기한 거야.

한편으로는 마음이 편하지 않아? 아! 그런 것들이 모두 접속사였구
나. 연결하는 거구나…. 그래. 그게 다 연결하는 거야. 별거 아니야.

이제 새로운 시각으로 이것들이 어떻게 다른지, 어떻게 단어와 단
어, 문장과 문장을 연결하는지 보자. 그러면 어떤 문장이 와도, 어떤
말을 할 때도 자신 있게 할 수 있어.

문법이란 결국 이런 것들을 체계적으로 정리해 놓은 것에 불과해. 그러니까 우리는 '관계대명사니, 관계부사니 이런 말들이 그냥 연결하는 방법이구나.'라고만 생각하자.

| 연결하는 모든 말 |

이름	종류	연결 대상
전치사	in, to, on….	명사 + 문장 안의 다른 단어
접속사	and, but….	절 + 절
관계 대명사	who, that….	절 + 절 (연결되는 절의 명사 역할)
관계 부사	when, where….	절 + 절 (연결되는 절의 부사 역할)

① 네 핸드폰은 책상 위에 있어.

Your cellphone is on the desk.

② 그 핸드폰은 삼성에서 만든 거야.

The cellphone is made by Samsung.

③ 디자인이 좋아.

The cellphone has a good look.

④ 넌 그걸 하이마트에서 샀지.

You bought a cellphone at Hi-Mart.

⑤ 하이마트는 우리 동네 어귀에 있어.

There is a Hi-Mart at the entrance to our village.

자, 어떻게 연결하나 보자.

① 전치사 : 명사 + 다른 단어

cellphone + desk ➡

Your cellphone is **on** the desk.

on이 데스크와 셀폰을 연결해주지?

이렇게 문장 안에서 따라 오는 명사와 다른 단어를 연결해주는 게 전치사야.

② 접속사 : 절 + 절

cellphone is on the desk + cellphone has a good look ➡

Your cellphone is on the desk **and** the cellphone has a good look.

and가 두 개의 절(문장)을 연결하고 있어.

이렇게 서로 다른 절을 한 문장으로 길게 이어주는 것이 접속사야.

③ 관계대명사 : 절 + 절

cellphone is made by Samsung + cellphone has a good look ➡

The cellphone **which** is made by Samsung has a good look.

which is made by Samsung에서 which = the cellphone이지? 그래서 일단 which가 대명사인 거야. 그리고 which is made by Samsung이 The cellphone has a good look이라는 문장과 합쳐졌지? 이렇게 두 문장을 연결하게 해주는 게 which잖아? 그래서 which가 연결 대명사, 즉 관계대명사인 거지.

이게 접속사와 어떻게 다르냐면 위에 접속사 and는 단순히 두 문장을 나란히 썼지만, which는 자기가 이끄는 절 which is made by Samsung에서 주어 역할을 하고 있잖아.

이렇게 관계대명사는 이끄는 절에서 주어이거나 목적어 역할을 하는 거야. 대명사는 명사가 하는 역할과 똑같고, 명사는 문장에서 주어이거나 목적어니까.

④ 관계부사 : 절 + 절

You bought a cellphone at Hi-Mart + Hi-Mart is at the entrance to our village ➡

There is a Hi-Mart **where** you bought a cellphone at the entrance to our village.

where you bought a cellphone이 수식하는(꾸며주는, modify) 단어가 뭐지? 하이마트야. 그럼 하이마트의 품사는? 당연히 명사지. 그럼 where가 이끄는 절이 형용사 절이겠지? 명사를 꾸며주고 있으니까.

그래. where도 관계대명사처럼 형용사 절을 이끌고 있네. 그럼 where you bought a cellphone이 형용사지라고 봐도 되겠지?

그리고 where you bought a cellphone에서 where = at Hi-Mart고?

at Hi-Mart의 품사가 뭘까? 빙고! 부사야. 동사 bought를 modify 하는 말. '하이마트에서' '산' 거잖아. 그래서 where가 부사야.

그리고 where you bought a cellphone이란 절이 there is a Hi-Mart at the entrance to our village라는 문장에 합쳐졌지? 관계대명사와 똑같이 where라는 단어가 두 문장을 합치는 연결고리인 거야. 그래서 연결 부사, 즉 관계부사인 거야.

다만 관계대명사와 다른 건 where가 이끄는 절에서 where가 부사 역할을 한다는 것이고.

결국, 다 연결고리인데 어떤 역할을 하느냐에 따라서 전치사, 접속사, 관계대명사, 관계부사로 나뉘는 거야.

관계부사는 where, when, why의 세 가지가 있어.

우리는 피자를 시켜 먹었어.
We have pizza for dinner.

그날이 화요일이야.
Tuesday is the day.

이걸 연결하면
Tuesday is the day when we have pizza for dinner.
똑같이 when 이하는 day를 수식하는 형용사 절. when은 we have pizza for dinner on Tuesday에서 on Tuesday를 대신하고

있는 부사. 두 문장을 하나로 합치는 연결고리 역할을 하니 관계부사.

넌 집에 늦게 왔어.
You were late home.

왜 늦었는지 말해 보시지!
Tell me why.

➜ Tell me why you were late home.

우리는 문장과 문장, 단어와 단어를 연결하는 모든 tool을 봤어. 그리고 그 이름들도.

물론 이름도 중요하지만, 그 하나하나의 이름보다 중요한 것은 우리가 읽고, 듣고 이해하는 것이지.

그래서 관계대명사가 어쩌고, 관계부사가 저쩌고, 거기에다 선행사, 한정사 등등을 다 설명하고 있어도, 결론은 우리가 그 문장을 똑바로 이해했느냐는 것이다.

접속사는 한두 번 다시 읽어봐야 해. 아빠는 더 쉽게 설명하고 싶은데….

Interjection :
A word that connects
1. words, phrases or clauses
2. one sentence to another sentence
Also known as a **connector** or a **joiner**

와! 이제 우리는 영어의 8품사를 다 보았어.

봐. 줄줄 읽어 오니까 어느새 8품사를 다 알아버렸지?

고생했어. 우쭈쭈쭈!

설마 하나의 단어가 항상 하나의 품사라고 생각하는
건 아니겠지? 그래. 문장 안에서 어떤 역할을 하느냐에 따라 달라져.
그러니까 우리가 단어를 공부할 때 이건 명사고, 이건 부사야, 이런
구분은 쓸데없는 일이지.

그래서 단어를 사전에서 찾아보면 동사일 때, 부사일 때 등등으로
뜻이 나누어져 있잖아.

예를 들어 but은 접속사잖아. 서로 다른 두 개의 생각을 이어주는.
그러나 항상 그럴까?

Everyone ate frog legs but James.

제임스를 제외하고는 다 개구리 다리를 먹었다.

이때의 but은 전치사야. everyone but James지. 뜻은 except.

Both pens fell on the floor.

펜이 둘 다 바닥에 떨어졌어.

Both of us are going to the movie.

우리 둘 다 영화 보러 갈 거야.

이 두 문장에서 both의 품사를 생각해 볼래?

both of us에서 both는 대명사지? both = us. 반면에 both pen 은 형용사지. both가 pen을 수식하니까.

하나만 더 보자.

Oh, HaYoung, this pie is delicious!

오, 하영, 이 파이 맛있어.

Is this my piece?

이게 내 거야?

이 두 문장에서 this의 품사를 말해 볼까?

this pie에서 this는 pie를 수식하지? 그럼 형용사. Is this my piece? 에서 this는?

물론 대명사.

아빠가 말하고 싶은 것은 this의 품사가 뭐냐, 이런 게 아냐. this 를 어떻게 이해하고 있느냐를 물어보고 싶은 거야. this가 '이것'이지 만 항상 '이것'이 아니라는 거지. '이'로도 쓰인단다. 아주 많이. '이' 펜, '이' 책 등등. 당연히 너도 아는 거지.

이걸 서로 다른 서랍에 넣어둬야 해. 그 서랍을 만들어 보라는 얘 기야.

구두점의 세계

(-,!;_:{}?[/—]···"\)

구두점이라고 들어 봤어? punctuation.

아빠는 참 이상했어. 영어책을 보면 영어 문장이라는 게 영어 단어와 구두점으로 이루어져 있거든. 근데 누구도 구두점에 대해서 이야기를 안 해줘.

물론, period(.)는 문장 끝에 찍는다는 걸 알지. 그런데 comma(,)는? 작은따옴표(' ')는 언제 쓰지?

아빠는 이런 구두점이 영어를 이해하는 데 정말 중요하다고 생각해. www.daum.net를 영어로 읽으면 double-u double-u double-u dot daum dot net이지? 그럼 이때의 점(.)은 마침표(period)가 아니라 그냥 점(dot)이네.

또 영어에도 "아버지가방에들어가신다."와 같은 문장이 있어.

Let's eat Tom. 과 Let's eat, Tom.
처음은 '톰을 먹자'고, 다음은 '톰, 우리 먹자.'야.
구두점의 중요성을 알려주는 문장이지.

이제 아빠랑 구두점의 세계에 들어가 보자. 재미있을 거야.

C

다 아는 얘기야? 정말? 아마 꼭 그렇지 않을걸.

① 첫 글자

1) 문장의 첫 글자

Capital Letters are always used at the beginning of a sentence.

그래, 문장의 첫머리에는 항상 대문자가 와.

His birthday was last week.

지난주가 그의 생일이었어.

그 문장이 완전하지 않더라도 대문자를 써야 해.

Probably not.

아마 아닐걸.

2) 문장 안의 인용구 첫 글자

Thomas Edison famously observed "Genius is one percent

inspiration and ninety-nine percent perspiration."

"천재란 1%의 영감과 99%의 땀으로 이루어진다." 토머스 에디슨이 한 유명한 말.

그러니 인용구 안의 말이 완전한 문장이 아니라면 대문자를 쓰지 않아.

The Minister described the latest unemployment figures as "disappointing".

장관은 최근의 실업률에 대해 "실망스럽다."고 말했다.

② 이름

1) 요일과 달

Next Thursday Korean will hold a general election.

다음 주 목요일에 한국에서는 총선거가 있다.

Mozart was born on 27 January, 1756.

모차르트는 1756년 1월 27일에 태어났다.

물론 계절에는 대문자를 쓰지 않는단다.

Ice skating is played in the winter.

아이스 스케이팅은 겨울에 해.

2) 언어

The major languages of India are Hindi, Gujarati and Tamil.
인도의 주요 언어는 힌디어, 구자라티어, 그리고 타밀어이다.

교과목에는 대문자를 쓰지 않아.

Newton made important contributions to physics and mathematics.
뉴턴은 물리학과 수학에 중요한 공헌을 했다.

물론 언어 이름이 들어간 교과목은 언어에 대문자를 쓰겠지?

She is studying French literature.
그녀는 프랑스 문학을 공부한다.

3) 국가와 민족

국가뿐만 아니라 지역, 민족의 이름에도 대문자를 써.

The result of the Korean election is still in doubt.
한국 선거의 결과는 아직 오리무중이다.

The Basques and the Catalans spent decades struggling for autonomy.

바스크인과 카탈루냐인들은 수십 년 동안이나 자치권을 얻기 위해 투쟁하고 있다.

바스크는 스페인 북부 지역에 있는 한 주(州)의 이름이야. 피카소의 작품 게르니카(Guernica)는 이 바스크 지방의 작은 도시 이름이고, 이 도시에서 1937년에 있었던 내란을 소재로 그린 그림이지.

카탈루냐 역시 스페인의 동북부에 있는 주(州)의 이름이야. 이 주의 주도가 바로 우리가 잘 아는 바르셀로나(Barcelona)고.

이렇게 지역 이름에도 대문자를 쓴다.

그러나 지역 이름에 안 쓰는 경우가 있어. 데니쉬 페스트리(danish pastries), 러시안 드레싱(russian dressing)처럼.

왜 그럴까? 대문자는 지역과 관계된 이름에만 쓰기 때문이야. 'having to do with 지역'

즉, 데니쉬 페스트리는 덴마크와 아무 상관이 없는 그냥 페스트리의 한 종류일 뿐이야. 덴마크에서 온 게 아니라는 얘기지. 러시안 드레싱도 러시아에서 온 소스가 아니라 그냥 드레싱 소스의 한 종류야.

그리고 예전에는 black and white는 대문자를 쓰지 않았어. 그러나 최근에는 Chinese 나 Indian처럼 인종으로 봐서 Black and White로 쓴단다.

The Rodney King case infuriated many Black Americans.
로드니 킹 사건은 미국의 많은 흑인들을 극도로 화가 나게 하였다.

예전엔 흑인을 니그로(Negro)라고 불렀어. 사실 이 말은 흑인들을 비하하고 깔보는 말이었는데, 우리나라에서는 그냥 흑인을 부르는 말로 알고는 아무렇지도 않게 썼지. 이거 쓰면 안 되는 말이야. 이제는 Black people이라고 써야 해.

4) 고유 명사

고유 명사란 사람, 장소, 제도나 시설, 사건 등을 말해.

His name is Barack Hussein Obama II.
그의 이름은 버락 후세인 오바마 2세이다.

대부분의 미국 사람들은 이름과 성 외에 중간 이름을 가지고 있어. 오바마 대통령은 우리로 말하면 김 대통령이라고 말하는 것과 같아. 이름은 버락(Barack). 이걸 영어로 first name이라고 해. given name이라고도 하지.

후세인(Hussein)이 중간 이름(middle name)이야. 중간 이름은 세례명이기도 하고, 어떤 의미 있는 이름을 붙이기도 해.

오바마(Obama)가 성이야. last name, surname, family name이라고도 하지. 미국에서 '오바마'는 '어바마'로 발음돼.

쓸 때는 대개 중간 이름을 약자로 써. Barack H. Obama II 처럼. 많이 봤지? 이렇게 표기하는 걸.

우리나라는 중간 이름이 없지? 그래서 영어로 이름 쓸 때 가운데를 띄면 안 되는 거야.

김태수(TeaSoo Kim 또는 Kim, TeaSoo)

Many people mistakenly believe that 'Do' of Jeju-Do means island.
많은 사람들이 제주도의 '도'를 섬 도 자로 잘못 알고 있어.

My friend YoonSeo is training for the Winter Olympics.
내 친구 윤서는 동계 올림픽을 위해 훈련하고 있어.

동계 올림픽이 고유명사여서 Winter Olympic의 W와 O가 대문자인 거야.
그럼 아래 두 개 문장의 차이점을 알 수 있겠어?

We have asked for a meeting with the President Park.
I would like to be the president of a big company.
첫 번째 문장의 President는 대통령이야. 특정인을 가리키고, 국가의 기관이니 대문자를 썼지.
우리는 박 대통령에게 계속 면담을 요구해 왔다.

두 번째 문장의 president는 특정인을 가리키는 게 아니지? 그냥 큰 회사의 사장을 말하는 거야.
이렇게 대문자의 쓰임새를 알면 문장의 제대로 된 뜻을 알 수 있게 되는 거야.

③ 제목

1) 표제

I was terrified by The Silence of the Lambs.
영화 양들의 침묵은 무서웠어.

The Toji(土地) was written by Park, GyungRhi.
토지는 박경리 씨가 쓰셨다.

I don't usually like G-Dragon, but I do enjoy The
Heartbreaker.
난 보통 지드래곤을 좋아하진 않지만, 하트 브레이커라는 노래는 좋아
한다.

음···. 사실 학술적으로는 The silence of the lambs, The toji,
The heart breaker라고 써야 해. 맨 첫 글자만 대문자를 쓰거든.
그런데 사람들은 압도적으로 예문과 같이 많이 써.
중요한 것은 둘 중 어느 한 가지를 일관성 있게 쓰면 돼.

2) 상표명과 상품명

John bought a second-hand Samsung Note phone.
존은 삼성 노트폰을 중고로 샀다.

가끔 회사 이름이 동사로 사용되는 경우가 있어. 이를테면 Hoover 사는 유명한 진공청소기 회사인데, 'She was hoovering the carpet.' 하면 '카펫을 청소하고 있었다.'라는 뜻인 거야.

또 Xerox(제록스, 영어발음은 지락스)라는 유명한 복사기 회사가 있는데, 'I need to xerox this report.' 하면 '이 리포트를 복사해야 해.'라는 뜻이야. 그런데 이 경우에는 회사 이름인데도 대문자로 시작 안 했지?

④ 줄임말

모든 줄임말은 대문자를 써.

A.D. : Anno Domini(서력기원)

A.I. : Artificial Intelligence(인공지능)

A.M. : Ante Meridiem(오전)

B.C. : Before Christ(기원전)

P.M. : Post Meridiem(오후)

WTO : World Trade Organization(세계무역기구)

WWW : World Wide Web(세계 인터넷망)

원칙은 대문자를 쓰는 것이지만, 우리가 너무 익숙하게 그 단어를 사용하게 되면 소문자로 쓰는 경우도 있어. a.m., p.m.처럼. 이 부분 은 약어를 다룰 때 다시 보자.

⑤ 그리고 몇 가지

1) 역사적 기간

the Middle Ages 중세
the Industrial Revolution 산업혁명

2) 국경일. 축제

Christmas(크리스마스)
Ramadan(라마단: 이슬람교의 신성한 달. 이슬람력 9번째 달. 양력으로는 대개 6월 말부터 7월 말. 금식과 다섯 번의 기도가 의무)
Halloween[Hallowe'en](할로윈)

3) 로마숫자(Roman Numerals)

1	2	3	4	5	6	7	8	9
I	II	III	IV	V	VI	VII	VIII	IX
10	20	30	40	50	60	70	80	90
X	XX	XXX	XL	L	LX	LXX	LXXX	XC
100	200	300	400	500	600	700	800	900
C	CC	CCC	CD	D	DC	DCC	DCCC	CM

1,000	5,000	10,000	50,000	100,000	500,000	1,000,000
M	$\overline{V}$	$\overline{X}$	$\overline{L}$	$\overline{C}$	$\overline{D}$	$\overline{M}$

4) 나(I)

The word I is always capitalized in written English.
영어 문장에서 I는 항상 대문자로 쓴다.

야~ 대문자 쓰는 게 많기도 하지? 대부분은 우리가 아는 거지만, 특히 제목 쓸 때와 문장 안에 인용구를 쓸 때만 주의하면 될 것 같아.

● period(AmE)/full stop(BrE)
마침표
point(숫자) 소수점

마침표는 미국 영어(AmE: American English)에서는 period라
하고, 영국 영어(BrE: Britain English)에서는 full stop이라고 해.
글자 그대로 마침표는 문장이 끝났다는 뜻이야.

Seoul is the capital of Korea.
한국의 수도는 서울이다.

또 약어(abbreviation)에도 쓰여.

Doctor = Dr.(AE), Dr(BE)
Mister = Mr.(AE), Mr(BE)

숫자에도 쓰이지. 이때는 point로 읽어.
11.85 = eleven point eight five

화폐에서 쓰일 때는
10.77$ = ten dollars and seventy seven cents
처럼 그냥 and로 읽어. 센트라는 단위가 있으니까.

인터넷상에서 쓰이는 (.)는 dot로 읽어요.

그럼 마침표의 위치는 어떨까?

Hotel rooms are in short supply throughout August (the peak travel period).
8월 내내 호텔 방의 공급이 부족하다(성수기).

Hotel rooms are in short supply throughout August (August is the peak travel period.)
8월 내내 호텔 방의 공급이 부족하다(8월은 성수기다.)

첫 문장은 괄호 안에 구(phrase)가 왔어. 이럴 때는 그냥 문장의 일부로 봐서 모든 문장이 끝나고 마침표를 붙여.

그러나 두 번째 문장에서는 괄호 안에 문상이 왔잖아. 그래서 그 문장의 끝에 마침표를 붙이고, 괄호를 닫았어. 이렇게 부가되는 괄호 안에 절이나 문장이 오면 마침표를 붙이고 끝이야. ---.). 이렇게 하지 않는다는 거지.

그러나 문장의 끝에 따옴표(quotation mark)가 오면 구(phrase)든, 절(clause)이든 따옴표 안에 붙여.

The president's speech began and ended with the word 'freedom.'
대통령의 연설은 시작과 끝이 '자유'라는 말이었다.

그리고 문장 뒤에는 한 칸을 띄울까, 아니면 두 칸을 띄울까? 예전 타자기로 문서를 만들 때에는 문장과 문장 사이에 무조건 두 칸을 띄었어. 하지만 지금은 한 칸을 띄는 게 대다수야. 우리도 한 칸만 띄우자.

! exclamation mark
느낌표

느낌표는 감탄문에 쓴다. 사실 감탄이 아니더라도 요즘 흔히 많이 쓰이지? 내 기분을 나타낼 때도, 어떤 깨달음이 있을 때에도….

Eek! You scared me!
엑! 놀랬잖아!

Help! Help!
도와주세요! 도와주세요!

Get out!
나가!

이 느낌표가 수학에 쓰일 때도 있지? 맞아. 순열과 조합에서 나오는 '계승'이야. 이때의 이름은 factorial이지.

5! = 5 x 4 x 3 x 2 x 1=120

0! = 1

? question mark
물음표

의문, 문의, 조회에 쓰는 부호.

You're Korean, aren't you?
너 한국 사람이야. 그렇지?

그럼 아래 두 문장의 차이는 뭐야?

Are you Korean?
You are Korean?

문법으로 볼 때 아래 문장은 틀린 문장이지? 그런데 뜻은? 그
래…. 똑같아. 말할 때는 흔히 쓴단다. 그러나 글을 쓸 때에는 첫 번
째 문장으로 써야겠지?

불확실할 때에도 물음표를 써.

My daughter bought a camera in 2008(2009?).

내 딸은 2008년(2009년?)에 카메라 한 대를 샀다.

지난 아시안컵 축구대회가 끝났을 때 "슈틸리케 호, 물음표에서 느낌표로!"라는 신문 기사의 제목이 참 많았어. 말과 문장이란 이렇게 뜻으로 전달되는 거야.

물음표는 이렇게 만들어졌단다.

라틴어 quaestio가 점점 짧아져 '?'가 되었대. (Wikipedia)

> , **comma**
> 쉼표

아마 가장 많이 쓰이는 구두점일 거야, 활용법도 많고. 왜냐하면 문장을 명확히 해주거든.

1) 추가할 때(supplements and adds information to the subject)

Bill Gates, CEO of Microsoft, is the developer of the operating system known as Windows.

빌 게이츠, 마이크로소프트사의 사장, 은 윈도우스라는 운영체계의 개발자이다.

정보를 추가하거나 보완할 때는 앞뒤로 쉼표를 해.

2) 열거할 때도 쉼표를 써.

The fruit box contained apples, mandarins, and oranges.
과일 상자에는 사과와 귤, 그리고 오렌지가 들어있다.

명사뿐만 아니라 형용사를 열거할 때도 그래.

The powerful, clear sound caught our attention.
강력하고 맑은소리에 우리는 주의를 집중했다.

powerful, clear sound이지 powerful, clear, sound가 아니야. powerful과 clear는 sound(소리)를 수식하는 형용사니까 중복되는 형용사 사이에만 쉼표를 하는 거야.

명사, 형용사가 되는데 동사가 안 될 리가 없지.

Tony ran towards me, fell, yelled, and fainted.
토니가 내게로 달려와서는, 쓰러지고, 소리를 지르더니, 기절했다.

절을 열거할 때도 써. 단, 절이 두 개일 때는 반드시 접속사를 써야 해.

I met MinJee, we went for a swim together, and afterwards MinJee went home.
나는 민지를 만나서, 함께 수영하러 갔고, 그 후에 민지는 집에 갔지.

I met MinJee, and we went for a swim together.
나는 민지를 만났고, 우리는 함께 수영하러 갔어.

3) 문장의 구분

구(phrase)를 영어에서는 참 많이 써. 그런데 이 구가 꽤 길 때도 있거든? 그러면 본문과 헷갈리잖아. 그럴 때도 쉼표를 쓰지.

Walking to the bus stop that morning, JiYoon knew it was going to be a special day.
그날 아침 버스정류장으로 걸어가면서, 지윤은 그날이 특별한 날이 될 것이라는 걸 알았다.

and, but, or 그리고 so와 같은 접속사가 오면 쉼표를 찍어서 알기 쉽게 구분해. 단, 접속사 뒤에는 절이 와야 해.

She purchased the car, and she went to Gwangju.
그녀는 차를 샀어. 그리고 광주로 갔지.

He hit the ball well, but he ran toward third base.
그는 공을 잘 쳤어, 그런데 3루로 달려갔지.

쉼표는 결국 읽는 사람이 문장을 더 잘 이해할 수 있도록 해주는
중요한 도구야.
쉼표가 있는 문장과 없는 문장이 어떻게 달라지는지 볼래?

John's cars that are leased are never kept clean.
리스로 산 존의 차들은 깨끗한 적이 없어.

이 경우에는 존이 갖고 있는 차들 중에 리스로 산 차들만 더럽다
는 얘기야.

John's cars, which are leased, are never kept clean.
리스로 산 존의 차들은 깨끗한 적이 없어.

우리 말은 똑같은데 이 경우에는 존의 차들은 모두 리스로 샀다는
얘기야. 아! 우리말의 애매모호.
그래서 똑바로 번역해줘야 하는 거야.

존의 차들 중 리스로 산 차들은 깨끗한 적이 없어.
존은 차들을 모두 리스로 샀는데 차들이 깨끗한 적이 없어.

4) 그리고 여러 가지

지역 이름을 적을 때에는 쉼표를 붙여줘야지.

Arlington, Texas(텍사스 주의 알링턴. 우리 추신수 선수가 뛰는 곳.)
Nam-Gu, Daegu(대구 남구)

날짜는 어떻게 쓸까?

Wednesday, December 31, 2014(AE)

날짜가 중간에 오면 연도 뒤에도 쉼표를 해.

Her arrival on December 16, 1987, was shocking news.
1987년 12월 16일에 그녀가 도착한 것은 충격적인 뉴스였다.

이걸 영국식으로 써볼까?

Her arrival on 16 December 1987 was shocking news.

1987년 12월 16일 한국에 도착한 그녀는 누구일까? 1987년 11월 29일 KAL 858기가 미얀마 상공에서 폭발했어. 탑승했던 115명이 모두 사망하는 충격적인 사건이었지. 이 사건의 범인 중 한 명이 북한 공작원 김현희였고, 바레인 공항에서 체포되어 12월 16일에 한국에 도착한 기야.

날짜 표기는 일 – 월 – 년으로 하고, 쉼표는 아예 쓰지 않는단다. 날짜가 없이 월과 년만 쓴다면 쉼표를 생략해.

The store closed in October 2008. (○)

The store closed in October, 2008. (×)

또 하나, 숫자를 표기할 때도 쉼표가 쓰여. 년, 페이지 번호, 주소의 숫자만 제외하고는 세 자리마다 쉼표를 붙여.

They sold 1,270 rare books last year; the most expensive sold for $5,255.50.

그들은 작년에 1,270권의 희귀한 책들을 팔았는데, 가장 비싸게 판 책은 5,255달러 50센트였다.

The address of the White House is 1600 Pennsylvania Ave., Washington D.C.

백악관의 주소는 워싱턴시 펜실베이니아 길 1600번지이다.

우리말도 쉼표의 역할이 아주 커. "나는 어제 내가 좋아하는 넬의 리드 보컬 김종완을 만났다."라는 문장의 경우 '내'가 좋아하는 것은 '넬'이야. '내'가 좋아하는 사람이 '김종완'이라면 '나는 어제 내가 좋아하는, 넬의 리드 보컬 김종완을 만났다'라고 써야 해.

쉼표는 어떻게 쓰느냐에 따라 이렇게 문장의 내용을 완전히 바꿀 수 있어.

또 우리나라 구두점에는 영어에는 없는 모점(̖)이란 게 있어. 쉼표와는 반대 방향으로 삐쳐있지. 이거 혹시 어디에 쓰는지 알아?

우리나라 글은 세로쓰기를 할 수 있잖아. 세로쓰기를 할 때 쉼표 역할을 하는 게 이 모점이야. 우리나라 말의 구두점은 영어보다 더 다양하단다.

colon
그침표

콜론은 우리말로 그침표 또는 쌍점이라고 해. 그침표는 거의 대부분의 경우에 내용을 나열할 때에 써.

I want the following items: butter, sugar, and flour.
나는 다음 품목을 원합니다: 버터, 설탕 그리고 밀가루.

I want an assistant who can do the following:

a. input data

b. write reports

c. complete tax forms

다음 능력이 있는 조수를 원합니다.

a. 데이터 입력

b. 보고서 작성

c. 세무 신고

두 개 이상의 문장이 그침표 뒤에 오면 그침표 뒤의 문장은 대문자를 써.

He made three points: First, the company was losing over a million dollars each month. Second, the stock price was lower than it had ever been. Third, no banks were willing to loan the company any more money.

그는 세 가지 점을 지적했다: 첫째, 회사는 매달 1백만 달러 이상의 적자를 보고 있다. 둘째, 주가는 가장 낮다. 셋째, 더 이상 회사에 대출해 줄 은행이 없다.

그침표는 강조할 때도 쓰여.

After two weeks of deliberation, the jury finally reached a verdict: guilty.

2주간의 심사숙고를 거쳐 배심원은 평결을 내렸다: 유죄.

이 외에도 우리 일상생활에 정말 많이 쓰여. 볼래?

시간 10:45 p.m.(ten forty-five)
비율 1:5(one five)
성경 구절 Genesis 1:28(창세기 1장 28절)
편지 Dear Ms. Smith:
　　　cc: Tom Smith(참조: 톰 스미스)

Attention: Accounts Payable(지급해야 할 계정)

PS: Don't forget your swimsuit.

semicolon
머무름표

머무름표는 한 마디로 두 개의 문장을 하나로 연결할 때 써. 접속사의 기능을 하는 거지.

I like your brother; he's a good friend.
네 형이 좋아; 그는 좋은 친구야.

두 개의 문장이 완전히 별개잖아. 그런데 머무름표로 한 문장처럼 이었어.

The cow is brown. 그 암소는 누렁이네.
It is also old. 많이 늙었구나.

이 두 문장을 합쳐볼까?

The cow is brown; it is also old.

쉼표를 써서도 합칠 수 있겠지? 어떻게?

The cow is brown, it is also old.

이렇게? 이건 틀린 거야. 왜냐하면 두 개의 절이잖아. 쉼표에서 설명했지? 두 개의 절을 이으려면 반드시 접속사를 써야 한다고. 그래서 이렇게 써야 해.

The cow is brown, **and** it is also old.

이제 쉼표와 머무름표의 차이를 알겠지?
반대로 쉼표를 써야 할 곳에 머무름표를 쓸 수는 없어.

The cow is brown; but not old. (×)
The cow is brown, but not old. (○)

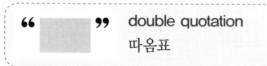

double quotation
따옴표

따옴표는 글자 그대로야. 따온 말을 문장에 쓸 때 앞뒤로 붙이는 기호. 누군가의 말을 문장에 직접 적거나 책이나 영화 등의 제목을 문장에 적을 때, 그리고 강조할 때도 따옴표를 써.

Buddha says, "True love is born from understanding."
부처님이 말씀하시길, "참사랑은 이해에서 나옵니다."

We are reading "The road not taken."
"가지 않은 길"을 읽고 있어요.

로버트 프로스트의 유명한 시야. 이런 시는 꼭 읽어봐야 해. 또 가능하면 한번 외워보는 것도 괜찮아.

He described the animal as being "large and hairy".
그는 그 동물을 '크고, 털이 많은' 것으로 묘사했다.

위 문장은 강조야.

따옴표에서 중요한 건 사실 언제 따옴표를 쓰느냐 하는 것보다 어디에 다른 구두점을 찍느냐 하는 거야. 따옴표 안에 마침표나 쉼표를 찍어야 하는지 아니면 밖에다 찍어야 하는지…. 또 물음표나 느낌표는?

먼저 마침표와 쉼표는 무조건 따옴표 안이야.

"I hope that you have a nice day."
오늘도 즐겁게 보내시기를 기원합니다.

"I think so too," she said.
"나도 그렇게 생각해요," 그녀가 말했다.

반면에 그침표(:)와 머무름표(;)는 항상 따옴표 밖이야.

Toby often said that "patience is a virtue"; however, he was not a virtuous man.

토비는 가끔 "참는 것이 미덕이야."라고 말하지만, 사실 그는 덕이 있는 사람이 아니지.

물음표와 느낌표는 둘 다 써. 따옴표 안에 있는 문장이 물음표나 느낌표가 와야 하는 문장이라면 따옴표 안에, 따옴표 안의 문장이 상관없는 것이라면 따옴표 밖에.

She said, "Do you love me?"

그녀가 말했어, "날 사랑해요?"

Did she say, "I love you"?

그녀가 "당신을 사랑해요."라고 말했다고?

첫 번째 문장은 따옴표 안의 말이 'Do you Love me?'라는 의문문이잖아. 그래서 ?" 이렇게 따옴표 안에 물음표가 들어갔고, 두 번째 문장에서는 따옴표 안의 말은 'I love you.'라는 평서문인데 문장 전체가 의문문인 거지. 그래서 "? 이렇게 따옴표 밖으로 나온 거야.

구별할 수 있겠지?

그리고 작은따옴표가 있어. 영어로는 single quotation이라고 하지.

이 작은따옴표는 따옴표 문장 안에 또 따옴표가 들어갈 때만 쓰여.

"Is this the 'Right Way?'" he asked.
"No, this is the 'Right Way!'" she replied.
"여기가 '바른길'인가요? "그가 물었다.
"아니야, 이쪽이 '바른길'이야!" 그녀가 대답했다.

She asked, "How many of you have read 'The road not taken'?"
그녀가 물었다. "여러분 중에 몇 명이나 '가지 않은 길'을 읽었어요?"

위 문장에 나오는 '?'" 이런 구두점 봤어?
보게 될 거야.

지금까지는 AmE의 따옴표 쓰는 방법이야. 이게 또 영국은 달라요. 괜히 이걸 알려줘서 더 혼란스럽게 할 수도 있는데 어쨌든 알아두는 게 좋은 것 같아. 왜냐하면, AmE는 은근히 BrE를 따라 하는 경향이 있거든.
그리고 복잡하지 않아.

Issue	AmE		BrE	
사용하는 따옴표	66	99	6	9
따옴표 안의 따옴표	6	9	66	99

마침표와 쉼표의 위치	Inside	Outside
다른 구두점	! ?　따옴표 안의 문장에 따라 : ;　Outside	

영국식으로 따옴표 한번 볼까?

'I don't understand', said Pat, 'why we need passports to travel to other EU countries.'
"난 이해할 수 없어." 팻이 말했다. "다른 EU 국가에 가는데 왜 여권이 필요한지."

'Reason, Hume believes, is "the slave of the passions".'
"이성(理性)이란, 흄은 이렇게 믿었다, 열정의 노예다."

좀 낯설지? 하지만 모두 글을 읽는 사람들에게 더 정확하게 그 뜻을 전달하려는 노력이야.

아빠는 사실 'Reason, Hume believes, is "the slave of the passions".' 이런 문장이 정말 마음에 안 들어. 잔뜩 겉멋이 들어가 있어. 그냥 'Hume believes, Reason is "the slave of the passions".' 이렇게 쓰면 누구나 쉽게 이해할 수 있잖아? 밋밋하지도 않고.

참고로 흄(David Hume)은 18세기의 스코틀랜드 철학자야. 이 분은 사물의 관계를 믿음에 의한 것이라고 봤고, 이런 영향들이 오늘날 실증주의 철학으로 나타나고 있어.

앞에서 얘기했지만 우리는 뜻을 공부하는 사람이 되어야 해. 몇 가지 단어만 알고 그걸 얘기한다고 그 뜻을 아는 건 아니잖아? 흄의 철학도 적어도 한번은 정독하고 나서 얘기해야 되는 거야.

아빠는 아직 읽어보지 못했다. 그래서 이 분을 잘 얘기해줄 수가 없구나. ^^;

apostrophe
생략부호/소유격부호/복수부호

이 기호를 뭐라고 읽어야 하나? 미국 발음은 '어파스트로피'야. 우리말은 없어. 수십 년 동안 영어 교육이 어떻고 하는 사람들은 이 기호의 우리말 하나 만들어 놓지 않았다.

우리가 만들자. 아빠는 이걸 감춤표로 불렀으면 해. 왜냐하면, 어파스트로피의 두 가지 기능 중 하나는 생략하는 거거든. 그래서 감춤표로 불러도 괜찮을 것 같아. 다른 좋은 말이 떠오르면 지체없이 아빠에게 콜!

1) 감추기(missing letters or contraction)

우리가 영어 하면서 숱하게 보는 기호야.

- isn't = is not, hadn't = had not, wouldn't = would not
- there's = there is, it's = it is, Mary's = Mary is,

Germany's = Germany is, who's = who is

- I'm = I am, I'll = I will, they'll = they will
- you'd = you would, they'd = they would
- we've = we have, they've = they have
- you're = you are, they're = they are, we're = we are

2) 소유(ownership or possession)

이 어파스트로피는 소유 혹은 속해있는 것을 말하는 아주 중요한 기능이 있어. 이걸 소유격이라고 해. 이 기능 때문에 이어파스트로피를 감춤표로 번역하기가 좀 그래.

감춤과 소유, 이 두 가지를 함축하는 좋은 우리말이 있을 텐데….

the boy's dinner

저녁 식사는 소년에게 속해 있지? 아~ 참, 맘에 안 든다. 속한다는 말. 사실 속한다는 표현은 영어의 belong이라는 단어를 번역해서 쓰는 말이야. 소년을 위한 저녁 식사 또는 소년이 먹으려고 준비해 놓은 저녁 식사라는 뜻이겠지?

이때 저녁 식사가 소년에게 속하나? 속한다기보다는 주체라고 봐야겠지? 소년이 주체가 되는. 그래, 어파스트로피는 주체의 표현이야.

the bus's arrival
버스 도착.

여기서 주요한 건 −s로 끝난 단어의 소유격 표현도 ʼs를 붙인다는 거야. 다시 얘기하면 모든 단어의 소유를, 주체를 나타낼 때는 무조건 ʼs를 붙인다는 거야.

어파스트로피 끝.

3) 지금부터는 어파스트로피 사용법의 변화에 관해서 얘기해 볼게. 이게 우리를 많이 헷갈리게 해.

먼저 복수 단어의 소유격.

large studentʼs playground
large studentsʼ playground

이 두 문장의 차이점을 알겠어?

첫 번째 문장은 a large playground for student, 즉 학생을 위한 큰 놀이터라는 뜻이지.

두 번째 문장은 studentsʼ라고 썼네? 이게 바로 복수의 소유격을 나타낼 때 쓰는 표기법이야. 즉 studentsʼs라고 써야 하는데, 이 경우에는 뒤에 오는 s를 생략하는 거야.

그러니까 두 번째 문장은 덩치가 큰 학생들을 위한 놀이터지. a playground for large students

One weekʼs time(in the time of one week)

Two weeks' time(in the time of two weeks)

One euro's worth(worth one euro)
Two euros' worth(worth two euros)

그리고 's가 붙어도 소유격이 아닌 단어들이 있어.

It's a lovely day today!(=It is)
와! 오늘 정말 좋다.

It's got to be done today(=It has)
오늘 처리했어.

반면에, it의 소유격은 its로 써. 어파스트로피 없이.

Don't pull its tail.
그거 꼬리 잡아당기지 마.

who's는 who is의 감춤형.

Who's doing the counting?
누가 계산하고 있지?

그럼 who의 소유격은? 그렇지, whose.

Whose shop is this?
이건 누구 가게야?

you're는 you are의 감춘형.

You're never going to believe this.
넌 결코 믿으려 하지 않을 거야.

you의 소유격은? your.

Where's your coat?
네 코트는 어디 있니?

4) 그밖에….

He is 5' 10" tall.

이런 문장 봤지? 그의 키는 5피트 10인치다.
인치(inch), 피트(feet), 야드(yard) 등은 야드-파운드 법(yard-pound system)의 길이 단위야. 미국에서 쓰는 단위지. 우리는? 미터 법(metric system)을 써. g, kg, cm, m 등.
그런데 전 세계에서 세 나라만 미터법을 쓰지 않아. 미국, 미얀마, 라이베리아. 그 외의 모든 나라는 다 미터법이야.
이 세 나라는 모두 야드-파운드법을 사용하지. 우리는 망할 놈의 사대주의 사상 때문인지 애써 미국이 사용하는 야드-파운드법을 자꾸 사용하려고 해. 골프, 볼링 등의 스포츠는 물론, 몸 크기를 얘기할 때도 33-24-33 이런 식으로 얘기하고, 그러다 보니 옷 사이즈도 은근히 26이네, 30이네, 이런 얘기들을 하는 거야. 많이 쓰는 칼로리도 파운드법의 단위야. 미터법에서는 줄(joule)을 사용해.

그런데 미국에서 1999년에 화성 탐사선이 궤도 진입을 하다 폭발하는 사건이 있었어. 그 이유를 알아보니 바로 도량형 단위의 혼선이었어. 즉 미터법과 파운드법이 충돌한 거지. 그래서 나사(NASA, 미항공우주국)에서도 미터법을 쓰기로 공표했어.

사실 서둘러 이런 생활의 기본이 되는 것들은 정비해야 해. 방송에서도 일체 파운드법 단위는 아예 사용하지 못하게 해야 하는데….

야~, 또 이야기가 길게 돌아왔네.

1 foot = 12 inch, 1 inch = 2.54cm
feet(ft.)는 foot의 복수형.

그래서 저 위 문장을 읽으면 5feet 10inch로 읽어.
5 feet 10 inch = (5 x 12) inch + 10 inch = 70 inch = 177.8 cm
준수하다.

그런데 미국에서는 저걸 읽을 때 5 feet 10 inch인지, 5 foot 10 inch로 읽어야 하는지 논란이 많아. 문법적으로는 분명히 5 feet로 읽어야 하는데, 더 많은 사람들이 5 foot로 읽거든. 이런 게 관습이야. 틀려도 그냥 일상의 언어가 되어버린 것.

표기도 5' 10"가 길다고 5'10으로 많이들 써.

자, 그럼 진짜 하고 싶은 말. 5 옆에 오는 (′)의 이름은?
어파스트로피? 아니면 작은따옴표? 발음 강세에 사용하는 액센트?
다 아니야. 이건 프라임 마크(prime mark)라고 해.

／ 〃 〃／

이렇게 생겼는데 prime, double prime, triple prime이라고 불러.
어디에 사용하느냐면 길이, 시간, 각도에 쓰는 거야.

3′ 7″ =   3 feet and 7 inches (길이)

            3 minutes 7 seconds(시간)

5° 3′ 7″ =   5 degrees 3 arcminutes 7 arcseconds

            5도 3분 7초(각도)

어파스트로피와 혼동하지 말 것.
참, 트리플 프라임은 거의 사용하지 않아.

(▨) **parentheses**
       괄호

괄호는 설명이나 추가 정보, 한 덩어리로 묶을 때 사용하는데 거의
쉼표와 같은 역할이야.

Ninety-five years after his death, Ahn Junggeun(we remember him with a missing finger) remains Korea's sincere patriot.

돌아가신 지 95년이 지났지만, 안중근 의사(우리는 그의 잘린 손가락을 기억한다)는 한국의 진정한 애국자로 남아 있다.

Ninety-five years after his death, Ahn Junggeun(do you remember him?) remains Korea's sincere patriot.

돌아가신 지 95년이 지났지만, 안중근 의사(잊지 않았죠?)는 한국의 진정한 애국자로 남아 있다.

Ninety-five years after his death, Ahn Junggeun remains Korea's sincere patriot. (we remember him with a calligraphy work – a signature of Great Korean.)

돌아가신 지 95년이 지났지만, 안중근 의사는 한국의 진정한 애국자로 남아 있다(우리는 그의 大韓國人이라는 글씨를 기억한다).

이렇게 괄호 안은 자유자재로 필요한 얘기들을 넣을 수 있어. 거기다가 문장을 정확하게 구분시킬 수도 있어.

The reason why beer is better than woman is (1) Beer is never late, (2) A beer doesn't care when you come, (3) When your beer is gone, you just pop another.

맥주가 여자보다 좋은 이유는 (1) 절대 늦지 않고, (2) 네가 언제 오든지 상관하지도 않으며, (3) 네 맥주가 사라지면 즉시 다른 맥주를 딸 수 있어.

woman을 man으로 바꿔도 비슷하겠다, 뭐.
우리말에서도 괄호는 비슷해. 하지만 꼭 알아야 할 것 하나.

"6·25(1950년)을 기억하자."
"태양(동영배)는 노래도 잘해."

이 두 문장은 괄호 다음의 조사로 '~을'과 '~는'을 썼어. 그리고 우리는 이걸 아무렇지도 않게 읽었고.
'~을'과 '~는'은 괄호 안에 있는 1950년과 동영배를 연결해서 읽었기 때문이야. 하지만 이럴 때의 조사는 '~를'과 '~은'으로 써야 해. 왜냐하면, 괄호는 없다고 생각해야 하기 때문이야.
"6·25(1950년)를 기억하자."
"태양(동영배)은 노래도 잘해."

잊지 마.

그리고 두 가지의 괄호가 더 있어.

중괄호(brace)와 대괄호(brackets).

중괄호는 문장에는 거의 나오지 않아. 대신 어디에 나오지? 맞아! 수학.

The set of numbers in this problem are: { 1, 2, 5, 10, 20 }
이 문제에서 일련의 숫자는: { 1, 2, 5, 10, 20 }이다.

집합의 향기가 스멀거리는구나.

대괄호는 거의 항상 따옴표 안에 쓰이고, 문장을 환기시켜. 그래서 끊기(interruption 방해, 중단)라고 해. 좀 엉뚱하게 설명한다고 할까? 문장을 보자.

"Four score and seven [today we'd say eighty-seven] years ago…".
"네 번의 이십과 칠 [오늘날 우리는 팔십칠이라고 말하지] 년도 전에…"

"I would never do a deal with [Islamic State's Khalifah,] Abu Bakr al-Baghdadi."
"나는 절대 [IS의 지도자] 아부 바크르 알바그다디와 거래하지 않을 거야."

칼리파(Khalifah)는 이슬람 국가의 지도자, 최고 종교 권위자를 가리키는 아랍어야. 아랍어로는 خليفة 이렇게 써.
모르는 말에 해석을 달 때도 대괄호를 쓴다.

"I seldom spoke in Japanese class. When I did, I usually just said 分からないです [I don't know]."

"난 일본어 시간에 도통 말을 못하겠어. 내가 말할 때는 wakaranai desu [나는 잘 모릅니다]라고 할 때뿐이야."

그리고 sic을 쓸 때.

"Please send a copy of The Time's [sic]," he wrote.

"타임지 한 부 보내주세요," 그가 적었다.

sic은 라틴어로 thus나 so와 같은 말이야. 무슨 말이냐 하면 "이 앞에 잘못된 것은 원작자가 한 것입니다. 저는 충실한 전달자에 불과합니다. 실제 저 자신이 한 실수가 아닙니다."라는 뜻이야.

그러니까 sic의 앞 단어가 The Time's잖아? 이건 어파스트로피를 뺀 The Times가 맞는 말이지. 그래서 이건 "내가 잘못 쓴 게 아니고 원작자가 잘못 쓴 것을 그대로 옮겨 놓았습니다."라는 뜻인 거야.

sic은 반드시 이태리 체로 써야 해. 그러나 대괄호를 쓰면 그렇지 않아도 되지. 그래서 sic을 쓸 때는 대개 대괄호와 같이 써.

대체로 괄호는 쉼표의 역할과 비슷하나 좀 더 명확하고, 중괄호는 문장에 거의 쓰이지 않으나 쓰인다 해도 나열하는 데 쓰이며, 대괄호는 문장을 보충하는 데 쓰여.

hyphen
붙임표

하이픈- 붙임표.

우리가 흔히 하이픈과 같이 쓰는 비슷한 기호가 있지? 대시. 그럼 하이픈과 대시가 다른가?

달라. 그것도 완전히.

어쩌면 우리가 가장 혼란스럽고, 또 관심도 없는 구두점 중의 하나일 거야. 왜냐하면, 대부분의 경우에 혼용해서 쓰거든.

하이픈은 키보드에서 "0" 바로 오른쪽에 있는 기호 "-"야. 또 숫자 키패드에서 마이너스 기호인 "-"를 쓰기도 해.

대시는 또 두 가지로 나뉘는데, 하나는 '엔 대시(en dash)'라 하고, 다른 하나는 '엠 대시(em dash)'야. 알파벳 N과 M을 앞에 붙인 거지.

엔 대시는 "–"야. 이건 키보드에서 Alt + 0150을 치면 돼. 그 폭이 알파벳 "N"과 같다고 해서 엔 대쉬야. 그리고 엠 대시는 Alt + 0151을 치면 돼. "—"

그러니까 그 길이가 서로 다른 거야.

—	—	—
hyphen	en dash	em dash
붙임표	동안표	말바꿈표

1) 하이픈(붙임표의 사용)

하이픈은 접두사와 단어를 붙여서 정확하게 뜻을 전달하기도 하고,

Cara is his ex-girlfriend.
카라는 그의 전(前) 여자친구야.

단어와 단어를 붙여 멋진 말을 만들어내기도 해.

one-size-fits-all
범용(한 가지 사이즈로 모든 사람에게 맞는)

The news is not up-to-date.
그 뉴스는 최신 뉴스가 아니야.

하이픈으로 붙이면 전혀 새로운 뜻이 되기도 해.

Can you pick me up?
마중 와줄래?

This bath oil is the ideal pick-me-up after a hard day at work.
이 목욕 오일은 힘든 하루를 보내고 기분을 좋게 하는 데 아주 좋아.

이때의 pick-me-up은 something that makes you feel better and more lively(such as a drink)라는 뜻이야. 기분을 더 좋게 해주거나 생생하게 해주는 것(음료수처럼).

문장에서 긴 단어가 다음 줄로 넘어갈 때 한 단어임을 나타내기 위해 붙이기도 해.

"In three words I can sum up everything I've learned about life: it goes on." — Robert Frost
"내가 평생 배운 모든 것은 세 단어로 요약할 수 있다: 모든 것은 계속된다." - 로버트 프로스트

사실 요즘은 소프트웨어가 자동으로 단어 간격을 맞춰줘서 이렇게 줄 바꿈을 위한 하이픈은 거의 볼 수가 없어.
또한, 숫자에 붙여쓰기도 하는데, 100 이하의 숫자에만 붙여.

There are fifty-two playing cards on the desk.
책상 위에 52장의 트럼프 카드가 있다.

참, 숫자를 말할 때 영국에서는 hundred 다음에 and를 붙이고. 미국에서는 and를 붙이지 않아.

The packaging advertised one thousand two hundred **and** twenty-four firecrackers, but it only contained one thousand.(BrE)
The packaging advertised one thousand two hundred twenty-four firecrackers, but it only contained one thousand.(AmE)

포장에는 1,224개의 폭죽이 들어있다고 쓰여 있는데, 1,000개밖에 들어있지 않았다.

엔 대시(en dash)는 우리 말로 동안표야. 딱 이 뜻이야. ~하는 동안. ~하는 만큼.

The 2010-2011 season was our best yet.
아직까진 2010-2011 시즌이 우리의 최고였어.

스포츠에서 점수를 나타낼 때도 이 엔 대시를 써.

Samsung Lions beat Nexen Heroes 11-1 in the final game of the post season.
포스트 시즌 마지막 경기에서 삼성 라이온즈가 넥센 히어로즈를 11-1로 이겼다.

엔 대시를 쓰는 또 하나의 경우가 바로 서울-제주 간과 같이 두 단어를 물리적으로 연결할 때야.

The liberal-conservative debate
진보-보수 간의 토론

The Seoul-Jeju flight
서울-제주 간 비행편

There is a north-south railway in the same area as the highway that runs east-west.

고속도로가 동-서 간을 가로지르듯 철도는 남-북 간을 가로 지른다.

엠 대시(em dash)의 우리 말은 말바꿈표인데, 우리말은 참 기가 막혀. 이 기호가 어떤 의미라는 걸 직관적으로 알려줘.

말을 바꾸는 건 앞에서도 나왔지? 그래, 대괄호 설명할 때 문장을 환기시킬 때 사용한다고 했어. 그럼 대괄호하고 비슷하다는 얘기지.

또 대괄호는 쉼표의 역할도 하고, 그침표(colon)의 역할도 하니까 비슷하다고 보면 되겠다.

Upon discovering the errors [all 124 of them], the publisher immediately recalled the books.

Upon discovering the errors—all 124 of them—the publisher immediately recalled the books.

오류의 발견으로—총 124군데—출판사는 즉시 그 책을 회수했다.

말이 중간에 끊길 때 있지? 그 때 사용하는 기호가 엠 대시야.

"So many books, so little—"
"Time!"
"책은 이렇게 많은데, —은 또 이렇게 없구나."
"시간!"

Frank Zappa라는 기타리스트가 한 말이야.

하이픈과 엔 데시, 엠 데시도 확실히 우리가 문장을 좀 더 재미있고, 실감나게 읽을 수 있게 해. 이런 구두점을 잘 사용하는 것도 글을 잘 쓰는 것만큼 중요한 일이야.

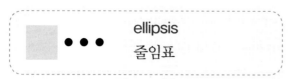

ellipsis
줄임표

줄임표의 정확한 뜻은 "문법적으로 문장을 완성하기 위해서는 필요하나, 뜻을 이해하는 데에는 불필요한 말을 줄인 것" 이야.

"Begin when ready" for "Begin when you are ready" is an example of ellipsis.
'당신의 준비가 끝나면 시작'이라는 말을 '준비되면 시작'이라고 하는 것은 줄임의 한 예이다.

Full quotation: "Today, after hours of careful thought, I gave my vote to No.2."

With ellipsis: "Today⋯ I gave my vote to No.2."

전체: "오늘, 몇 시간의 생각 끝에, 나는 기호 2번에게 투표했어."

줄임: "오늘… 나는 기호 2번에게 투표했어."

이 말 줄임표는 문장의 처음에도, 중간에도, 또 끝에도 올 수 있어. 우리가 많이 쓰는 기호니까 잘 알지?

slash
등위표

야, 아빠가 설명할 마지막 구두점 기호다. 슬래쉬. 등위표가 우리 말인데 거의 들어본 적이 없는 말이야. 이건 아주 쓰임새가 많아.

1) 문장에서 슬래쉬는 'or'의 역할을 해

Please press your browser's Refresh/Reload button. (Refresh or Reload)
접속프로그램의 새로 고침/다시 시작 버튼을 누르세요.

웹 브라우저의 새로 고침은 F5키, 다시 시작 버튼은 power button 옆의 작은 스위치나 power button을 살짝 누르면 동작!

영어 문장을 보다 보면 and/or라는 표현을 보게 돼. 사실 이 단어는 계약서에서 자주 보게 되는데 이건 필요/충분조건을 다 갖춰야 한다는 얘기야. 일상 영어에서는 사실 굉장히 기분 나쁜 표현이니까 삼갈 것.

2) 분수에 쓰이지

1/2 (one half)
2/3 (two thirds)
9/10 (nine tenths)

3) "per"의 의미로도 쓰여

The speed limit is 100km/h. (kilometers per hour)
제한속도는 시속 100km이다.

She can type at 75 w/m. (words per minute)
그녀는 1분에 75단어를 칠 수 있다.

They charge ₩1,500/liter for gasoline. (₩1,500 per liter)
그들은 1리터에 1,500원을 휘발웃값으로 지급한다.

4) 약어로도 사용해

This is my a/c number. (account)
내 계좌번호야.

n/a (not applicable, not available)
해당 사항 없음.

5) 날짜 표기할 때도 쓰지?

On credit card: Expires end 10/15 (October 2015)
신용카드의 유효기간 2015년 10월

She was born on 7/7/1997. (July 7th, 1997)
그녀는 1997년 7월 7일에 태어났다.

6) 마지막으로 인터넷 주소에 쓰여.

http://www.naver.com/
http://www.daum.net/

야~ 짝짝짝!
고생했다, 고생했어. 구두점의 세계를 헤쳐 나오느라.
근데 놀랍지? 이렇게 많은 구두점과 그 규칙들이? 이걸 한 번만이라도 읽어두면 영어문장을 읽는 데 많은 도움이 될 거야.
이제 문장뿐만이 아니라 구두점도 눈에 들어올걸?

아빠가 설명한 구두점이 다는 아니야. 다른 것도 한 번은 보고, 이름이라도 알자.

〈 〉　　angle brackets(꺾쇠괄호)

~　　tilde, swung dash(물결표)
　　　뜻 : is approximately equal to ~과 가깝게

_　　underscore(밑줄 문자)
　　　단어를 강조하기 위해 긋는 밑줄. 컴퓨터에서는 공백 문자를
　　　대신하기 위해 쓰이는 기호.
　　　웹 사이트에 파일을 올리면 저절로 생기는 공백을 대신하는
　　　기호야. 파일 이름이 "Hozier - Take me to church"라면
　　　업로드 후에
　　　"Hozier_-_Take_me_to_church"가 되거나,
　　　"Hozier%20-%20Take%20me%20to%20church"
　　　처럼 %20이 붙기도 해. 어떤 사이트는 "+"가 붙기도 한단다.

·　　interpunct(가운뎃점)
　　　글자와 글자·단어와 단어를 구분하기 위해 찍는 점

Part 2-3

약오르는 약어

"Korea vs Japan"

위 문장을 보면 우리는 머릿속에 '한국 대 일본' 하고 딱 떠오르지? 그런데 vs가 무슨 뜻인지 알아? 그리고 혹시 vs 다음에 점을 찍어야 맞는 거 아닐까? vs.

우리가 영어 문장을 보면 사실 참 많은 약어들이 나와. 물론 그때마다 찾아보면 뜻을 알겠지만, 너무 익숙해져 원래 단어를 아예 모르고 있거나, 아니면 자꾸 찾아봐야 하는 단어들도 있고, 또 뭐더라? 하고 그냥 넘어가 버리는 경우도 많아.

이번에는 약어를 완전히 내 것으로 만들어 보자. 그리고 그 정확한 표기법도.

약어를 지칭하는 영어 단어는 참 많아. abbreviation, contraction, initialism, 그리고 acronym. 또 약어라는 게 한 단어나 구(phrase)를 간단히 표현하기 위한 것이라면 기호나 그림도 해당하겠지? typography.

먼저 이것들을 어떻게 구분하는지 보자.

Words	Usage	Example
Abbreviation	약어의 총칭. 긴 단어를 짧게 쓰는 것.	Professor ➡ Prof.
Contraction	단어나 구를 짧게 쓰는 것	Doctor ➡ Dr. I am ➡ I'm
Initialism	머리글자만을 합치는 것 (한 글자씩 읽는 것)	Compact Disk ➡ CD(씨디)
Acronym	머리글자만을 합치는 것 (한 단어처럼 읽는 것)	Read Only Memory ➡ ROM(롬)
Typography	단어나 구를 그림이나 기호로 나타낸 것	and ➡ & (ampersand)

abbreviation과 contraction의 구분이 좀 어렵지?

abbreviation은 긴 단어를 짧게 줄여 쓰는 것을 말해. 그리고 약어를 총칭하는 말이야.

현대영어에서 contraction은 대개 두 단어의 축약형을 얘기해. 그중 하나는 대개 동사야. 우리가 가장 잘 아는….

what's = what is, what're = what are

abbreviation과 contraction은 약어(略語)로, initialism과 acronym은 모두 두문자어(頭文字語)로 번역하는데, 사실 적당한 우리말이 없다는 얘기 아니겠니?

어떻게 다른지 살펴보고, 많이 나오는 약어들을 여기에 정리해 보자.

abbreviation을 abbr.로 줄여 쓰는 게 abbreviation이야. 주소 쓸 때에도 apartment를 apt.로 쓰잖아. 옛날에는 '파마'였다가 '퍼머'로, 그리고 요즘은 '펌'이라고 하는 모두가 permanent의 abbreviation 이야.

우리가 꼭 알아야 할 abbreviation을 정리해줄게.

altitude   alt.(고도)

> 컴퓨터 키보드의 Alt 키는 alternative의 약어.
> 선택(대체) 가능한 키라는 뜻이지.

Street St. / Avenue Ave. / Boulevard Blvd. / Road Rd.

> 미국의 도로 체계야. 모든 길거리에서 볼 수 있는 약
> 어지. St.는 동서를 연결하는 길, Ave. 는 남북을 연
> 결하는 길, Blvd.는 St.보다 넓은 길로 도로의 중앙
> 에 나무를 심거나 화단을 만들어 놓은 길, Rd.는 마
> 을과 마을을 연결하는 길. 물론 다 예외는 있어. 대
> 개는 이 원칙을 따른다는 얘기야.

August Aug. / Sunday Sun.

> 달과 요일은 너무나 당연하게 줄여 쓰지.

Centigrade, Celsius C / Fahrenheit F

°C와 °F로 온도를 나타내는 단위. 섭씨(攝氏)는 눈금을 만든 스웨덴의 물리학자 Celcius의 중국어 음역인 섭이사(攝爾思)의 첫 글자를 따서 김씨, 박씨 하듯이 섭씨라 했고, 화씨(華氏)는 역시 고안자인 독일 Fahrenheit의 중국어 음역인 화륜해(華倫海)의 첫 글자를 따서 화씨라 했어.

섭씨는 물의 끓는 점과 어는 점 사이를 100으로 나눈 거야. 그래서 centigrade라고 해. 화씨는 물의 끓는 점과 어는 점 사이를 180으로 나눴어. 근데 문제는 물을 얼릴 때 소금물을 사용했어. 그러다 보니 섭씨로 따지면 영하 17.8°C에서 언 거야. 0°F=−17.8°C인 거지. 일반 물은 32°F에서 얼어. 그래서 섭씨를 화씨로 바꿀 때 180/100(=1.8)을 곱하고, 32를 더하는 거야.

et al. et alii(and others)
etc. et cetera (and the rest, and so on)

etc.는 많이 봤지? 기타 등등. 그런데 et al.도 쓰인단다. 뜻도 거의 같아. 그런데 가장 큰 차이가 etc.의 rest가 사람일 경우에는 et al.을 써.

She was accompanied by the vice president, the secretary of state, et al. 그녀는 부통령, 주지사, 그리고 다른 사람들과 동행했다.

그리고 문장에서 많이 보이는

e.g. exempli gratia (for example) 예를 들어

i.e. id est (that is) 즉

그리고 우리가 당연하게 쓰는 동서남북의 E, W, S, N.

페이지 번호를 얘기할 때 p. 숫자를 말하는 no., 단수, 복수를 뜻하는 sg.(singular), pl.(plural), 그리고 무역이나 금융권에서 사용하는 circa(approximate date, 예정일). c. or ca.로 써.

cf.는 라틴어 confer의 약자야. 뜻은 "compare". 요즘은 see라는 의미로 많이 써. "이것도 보세요"라는 뜻이겠지?

요즘 aka도 많이 보이더라. also known as의 약자야. 작가나 가수가 필명이나 예명을 사용할 때 쓰는 약자. "김경희 aka 소찬휘" 이렇게 쓰겠지? 비슷한 말로 fka도 있어. former known as~. 전에는 ~으로 알려진.

이 외에도 수없이 많은 abbr.들이 있어.

"Contraction"

contraction은 앞서 말한 것처럼 동사의 축약형으로 많이 사용돼.

is not · · · · · · · · · · · · ·	isn't
were not · · · · · · · · · · · ·	weren't
have not · · · · · · · · · · · ·	haven't
cannot · · · · · · · · · · · · ·	can't
will not · · · · · · · · · · · ·	won't
might not · · · · · · · · · · · ·	mightn't
must not · · · · · · · · · · · ·	mustn't
I am · · · · · · · · · · · · ·	I'm
you will · · · · · · · · · · · ·	you'll
he would, he had · · · · · · · ·	he'd
she is, she has · · · · · · · · ·	she's
who is, who has · · · · · · · · ·	who's
what will · · · · · · · · · · · ·	what'll
where would, where had · · · · ·	where'd
when is, when has · · · · · · · ·	when's

double contraction(이중축약)도 있어.

she would have · · · · · · · · she'd've (colloquial, 口語)

또 아주 특이한 contraction도 있어.

of the clock · · · · · · · · · · o'clock
madam · · · · · · · · · · · · ma'am

o'clock(正時)을 많이 쓰지만, of the clock의 contraction인지는
잘 몰랐을걸.
맴(ma'am)은 미국에서 굉장히 많이 써. 우리말로 아주머니 정도.

이니셜리즘은 단어의 첫 글자들을 가져와서 만든 축약어야. 우리가 가장 흔히 쓰는 이니셜리즘이 KBS, MBC, SBS야.

애크로님(acronym)도 똑같애. TOEIC과 TOEFL이 우리가 많이 쓰는 애크로님이지.

이니셜리즘과 애크로님은 뭐가 다를까?

이니셜리즘은 한 글자씩 읽어. '케이비에스', '엠비씨', '에스비에스' 처럼. 애크로님은 한 단어처럼 읽는 거야. '토익', '토플'.

AM amplitude modulation / FM frequency modulation

라디오 방송에서 많이 나오지? 소리를 반송주파수에 싣는 방법이야. AM은 진폭변조라 하고, 음질은 좀 떨어지지만 도달거리가 길어서 산속에서도 잘 잡혀. FM은 주파수 변조라 하고, 송신 거리는 좀 짧지만 음질이 좋아서 음악 방송에 많이 사용해.

B.C. Before Christ / A.D. anno domini

기원전과 기원후. 예수님의 탄생을 기준으로 B.C.와 A.D.를 나눈 거지. anno domini의 뜻이 "in the year of our Lord", 즉 우리 주님의 시대로 번역되니까. 그런데 사실 학자들의 정설은 예수님께서 탄생하신 해는 A.D. 1이 아니라는 거야. 실제로는 4~6 B.C.로 보고 있어. 하지만 중요한 건 예수님의 등장으로 시대가 완전히 바뀐 거지. 그래서 B.C.와 A.D.는 중요한 의미를 갖는 거야.

그리고 1 B.C.다음 해는 0년이 아니야. A.D. 1이지. 잊지 마.
(기원전 1년 다음 해는 기원후 1년이란 얘기야.)

A.M. ante meridiem(before noon)과
P.M. post meridiem(after noon)

소문자 a.m., p.m.으로도 많이 쓰는 오전과 오후.

그럼 낮 12시와 밤 12시는 어떻게 쓸까? 12시는 오전 오후 어디에 속할까 하고 생각해 봤지? 답은 둘 다 속하지 않는다야. 그래서 낮 12시는 noon이라 하고 밤 12시는 midnight이라고 해. 그래서 오전은 밤 12:01~낮 11:59까지를, 오후는 낮 12:01~밤 11:59까지를 말하는 거야.

비행기 탈 때에 출발 시각과 도착 시각은 모두 24시간제를 사용해. 기준점은 밤 12시야. 표기법은 0000. 그럼 밤 12시 27분의 표기법은?

그래, 1227로 쓰지 않고 0027로 쓴다. 1227은 낮 12시 27분이야. 오후 3시 46분은 1546.

또 하나. a.m. 2:00이 맞을까, 2:00 a.m.이 맞을까? 맞다, 틀리다는 아니지만, 거의 시간 뒤에 a.m.과 p.m.을 붙여. a.m.과 p.m.을 앞에 붙이는 건 우리말이 오전 몇 시, 오후 몇 시 이렇게 말하기 때문에 자주 앞에 붙이는 걸 볼 수 있는데, 미국 사람들 입장에서는 굉장히 어색한 표기법이야.

그리고 보니 표준 시간을 나타내는 GMT도 있구나.

Greenwich Mean Time 그리니치 평균시. 런던 동부에 있는

Royal Observatory의 시간을 표준으로 우리나라는 GMT+9로 표시하지. 우리가 9시간 빠르다는 얘기야.

사실 GMT는 1925년 2월 5일부터 1972년 1월 1일까지 사용됐어. 그 후로는 세계협정시라는 UTC(Coordinated Universal Time)를 사용하고 있지. GMT는 태양의 위치를 기준으로 시간을 정하기 때문에 지구의 자전 주기에 영향을 받아. 그런데 자전 주기가 점점 느려지고 있어서 시간이 조금씩 바뀌는 거야. 그래서 세슘 원자의 진동수를 기반으로 해서 UTC가 만들어진 거야. 절대 변하지 않는 시간.

GMT와 거의 비슷하긴 하지만 사실 UTC로 표기하는 게 맞지. 그런데 지금도 GMT 운운하는 사람들이 너무 많아. UTC 역시 우리나라는 UTC+9니까 어렵지 않지?

이 외에도 3D(Three dimensions, 3차원), USB(Universal Serial Bus, 범용직렬버스), IQ(Intelligence Quotient, 지능지수), UFO(Unidentified Flying Object, 미확인비행물체) 등도 다 initialism이야.

참, 우리가 모두 좋아하는 TGIF도 initialism이네.
Thank God It's Friday. 신이여, 감사하옵니다! 금요일입니다!

애크로님은 머리글자를 따서 읽는 건 initialism과 똑같지만, 아예 한 단어처럼 읽는 거야. 심지어 일반 단어처럼 소문자로도 사용해.

이를테면 Internet. 인터넷이 그냥 단어인 줄 알았지? 아니야, Interconnected Networks의 애크로님이야. 서로 연결된 컴퓨터 망(網)이란 뜻이지.

스킨 스쿠버 다이빙이란 말도 참 많이 쓰지? 이게 도대체 무슨 뜻일까?

Skin Diving

Scuba Diving

왼쪽이 스킨, 오른쪽이 스쿠버야. 어떤 차이가 있지?

맞아. 스킨 다이빙은 장비 없이 그냥 물속에 들어가는 거고, 스쿠버 다이빙은 산소통을 메고 들어가는 거야. 뜻이 완전히 다르지?

그래서 영어에서는 skin and scuba riving이라고 해. 이때의 scuba는 self-contained underwater breathing apparatus의 애크로님이야. 휴대형 수중 호흡기.

회사에서 외국 거래처와 이 메일을 주고받을 때 흔히 쓰는 asap라는 단어도 있어. as soon as possible 가능한 한 빨리. 우리나라에서는 '아삽'이라고 하는데, 영어 발음은 "에이샙"이야.

I'm in a meeting now, but I'll call you back asap.
미팅하고 있습니다. 가능한 한 빨리 전화드리겠습니다.

asap를 자주 쓰고는 있지만 사실 정중한 표현이라고 할 수는 없어. 어려운 분께 asap를 쓰기에는 좀 그렇거든. 그때는 as soon as you can, please이라고 쓰는 게 좋아.

또 완전히 한 단어처럼 사용하는 레이다(Radar)도 Radio detection and ranging의 애크로님이야. 무선전파로 탐지하고, 그 거리를 측정하는 기계, 줄여서 전파 탐지기.
수중 음파 탐지기란 뜻의 Sonar도 Sound navigation and ranging의 애크로님이야.

특이하게 initialism과 acronym을 같이 쓰는 단어가 있어.
CD-ROM. CD는 Compact Disk의 initialism이고, ROM은 Read Only Memory (읽기 전용 기억장치)의 acronym이지?
이렇게 보면 약어만 똑바로 알아도 영어 엄청 잘하겠다. 그렇지?

앞서 우리는 구두점을 공부했어. 구두점은 문장의 한 부분으로 당당히 자리 잡고 있지만, 구두점이 아니어도 문장에서 아주 당연한 듯 쓰이는 기호들이 있지. typography.

typography를 우리말로 바꾸면 활판(活版), 조판(組版)으로 되어 있어. 옛날 활자 인쇄를 할 때 인쇄용 판을 짜는 걸 얘기해. 현재 우리말로는 적당한 말이 없어.

타이포그래피를 위키피디아에서는 "Typography is the art and technique of arranging type to make written language readable and beautiful."이라고 정의했어. 즉 "언어를 문자로 표현할 때에 더 잘 읽을 수 있고, 아름답게 하기 위한 예술과 기술"이란 뜻이야.

가독성(可讀性)과 예술성을 높이기 위한 디자인이라고 정의하면 되겠다.

"兎는 토끼다."라는 문장보다 "兎=토끼" 이렇게 쓰는 게 훨씬 더 이해하기 쉽지? 이때 "="이 typography인 거야.

#	hash or number sign

우리가 샤프라고 부르는 기호. 그러나 the sharp sign 은 '♯' 이렇게 생겼어. 키보드에 있는 것은 샤프가 아니야. 미국 친구들은 number sign이나 hash-tagging이라고 해.

#7은 number 7.

*	asterisk(별표)

별표는 참조 기호로도 쓰이고, 빠진 글자 대신에 쓰기도 해.

=	equals sign

\	back slash(=₩)

백 슬래시는 구두점이 아니야. 우리가 파일 경로를 나타낼 때에 쓰는 typography인 거지.

C:\Users\Win\Files\jse.doc

@	at sign

@은 지금 이 메일 주소에 사용하지만, 원래는 단가(unit price) 표시였어. at the rate of란 뜻이지.

7 apples @ ₩700 = ₩4,900

&	ampersand

and를 나타내는 기호. 그냥 and라고 하지. 기호에 이름까지 있다.

•	bullet

글머리 기호. 내용을 하나하나 열거할 때 쓰는 기호.

¤	currency

화폐 기호야. 우리나라는 ₩(won), 일본은 ¥(yen), 중국은 ¥(yuan), 그리고 정말 신기한 이스라엘의 ₪(shekel).

일본은 Y에 한 줄, 중국은 Y에 두 줄이야.

이 외에도 많은 typography가 있어. 수학에 쓰는

×	multiplication 곱하기

기호 이름은 multiplication, 읽을 때는 multiplied by 또는 times (2 × 2: two multiplied by two)

÷	division 나누기

읽을 때는 divided by (6 ÷ 2: six divided by two)

+	addition 더하기

읽을 때는 plus 또는 add

−	subtraction 빼기

읽을 때는 minus 또는 subtract

〉	greater than(~보다 큰)
〈	less than(~보다 작은)
∴	therefore 그러므로
∵	because 왜냐하면
%	percent 백분율

문장에 쓰는

§	section sign

문서의 장(章)을 나타내는 기호. 제1장, 제2장 할 때의 기호야.

¶	pilcrow

각 문단의 끝에 오는 단락 기호

※	reference mark

참고 기호. 주석을 달 때는 asterisk(*)를 사용해. 두 번째

주석에는 dagger(†), 세 번째 주석에는 double dagger(‡).

그리고 상표에 많이 나오는 typography.

©   copyright 저작권

℗   sound-recording copyright 음원 복제권

®   registered trademark 등록상표

SM   service mark
         서비스에 사용하는 등록상표야. 서비스 제공자가 자신의
         서비스를 특화하기 위해 사용하는 일종의 영업 마크지.

TM   trademark 상표

이렇게 수많은 typography가 문자나 단어 대신에 쓰이고 있어. 어떤 기호나 그림을 보면 그냥 넘어가지 말고 한번 찾아보는 센스!
  최근에는 구두점과 구두점, 구두점과 약어를 합쳐서 새로운 의미를 만들어내고, 자연스럽게 사용하는 경우도 많아. 휴대폰이 일상화되다 보니 많은 기호가 생겨나고 있는 거지.
  이렇게 생겨난 기호들을 이모티콘(emoticon)이라 하지? 이모티콘은 emotion icon의 애크로님이야.

또 재미있는 의미를 가진 구두점들도 있어.

‼   Exclamation Comma 느낌 쉼표
        감탄, 그러나 문장을 끝내고 싶지 않을 때.

? Question Comma 물음 쉼표

의문, 그러나 문장을 끝내고 싶지 않을 때.

? Interrobang 느낌 물음표, 물음 느낌표

의문과 놀람. OMGWTF?!와 뜻이 같은 기호. Oh My God What The Fuck?! 아이고, 이거 무슨 지랄 같은 일이야?! Say what? 뭐라고?!

❦ Floral Heart(Hedera) 꽃무늬(담쟁이넝쿨)

hedera는 ivy(담쟁이넝쿨)의 라틴어. 문장의 장식.

؟ Irony Mark 역설점

물음표를 뒤집어쓴 기호. 이 기호가 붙으면 또 다른 의미가 있다는 뜻이야.

⸮ Love Point 사랑점

하트를 이렇게 표현하자고 만든 기호.

‼ Acclamation Point 느낌점

웰컴!과 같은 선의의 마음을 표현

† Certitude Point 확신점

흔들리지 않는 확신을 나타낼 때 쓰는 기호

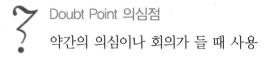

Doubt Point 의심점

약간의 의심이나 회의가 들 때 사용

Authority Point 권위점

문자에 갓을 씌운 것. 반드시 이행하거나 진실을 이야기할 때 사용

Sarcasm Mark 풍자표

풍자나 야유하는 문장에 사용

Snark Mark 비평표

글자 그대로 이해하지 말라는 문장에 사용

야! 참 신기한 기호들 많다.

현대에 사는 우리는 사실 굉장한 속도 속에서 살고 있어. 뭐든지 빨라야 하고, 그러다 보니 굉장한 양의 정보를 받아들이고 있는 거지.
약어나 기호의 쓰임새가 점점 많아지는 것도 이런 생활의 속도가 한 몫하고 있을 거야. 빠르게 내 뜻을 전달하는 것도 중요하지만, 그 뜻을 정확히 알고 쓰는 것이 더 중요하단다.

이런저런 약어들과 새로운 기호들을 보며, 우리는 영어와 더 친해졌다.
이제 시제라는 영어 사용법만 알면 영어와 엄청나게 친해질걸?

영어, 그리고 시제

영어는 시제다

자, 이제 영어권 사람들이 하는 말을 똑바로 쓰는 법에 대해 알아볼까?

아빠가 지금처럼 하나도 어렵지 않게 쓸 거야. 그냥 줄줄 읽어 보면 돼.

혹시 이런 걱정 들어? 이걸로 영어 공부를 다했다고 하면 그 어렵다는 고등학교나 대학교 영어를 할 수 있을까? 시험은 잘 볼 수 있을까?

물론이야. 충분히 다 할 수 있어. 아무 걱정하지 마세요.

영문법에는 위에서 말한 8품사를 설명해주는 부분이 있고, 지금 일어나는 일이나 과거에 일어난 일들을 말하는 법도 있고, 말을 어떻게 늘여 쓰는지, 또 말을 좀 복잡하게 하는 법(능동과 수동, 신문기사처럼 쓰는 법, 의문문, 그리고 뭐 몇 가지), 뭐 이런 것들을 다뤄. 이거 외에도 더 있느냐 하면 그렇지 않아. 아빠가 위에서 말한 게 다야. 별로 많지 않지? 이것만 알면 아주 훌륭하게 영문법을 다 공부한 거야.

짜잔! 드디어 영문법이라는 걸 시작하자. 시작부터 시제라는 낯설고도 익숙한 말.

이 시제는 사실 굉장히 헷갈려. 공부 좀 했다 해도 시제! 그러면 얼굴에 자신감이 사라져. 왜 그런지 알아? 영어에서 쓰는 시제는 우리말에 없기 때문에 그래. 우리 말에 없으니까 도통 이해가 안 가는 거야. 현재완료, 과거완료진행, 대과거 등등 이런 단어가 눈에 들어오겠니? 도무지 언제 쓰는 말인지 알 수가 없지.

버뜨(but)~ 아빠가 누구냐? 위현아 님! 위대하고, 현명하신 아빠! 위! 현! 아!

아빠가 시원하게 가르쳐 줄게. 읽어만 보면 모든 영어 시제 OK!

시제가 뭐냐면 한 마디로 '때'를 말하는 법이야.

밥 먹었어? 밥 먹냐? 밥 먹을래?- 이렇게 때를 말하는 법이야.

우리말에는 3가지 시제가 있어. 그렇다고 해서 영어에 있는 많은 시제를 표현할 수 없느냐? 그렇지 않아. 훨씬 자세히 표현할 수 있어.

그런데 영어는 왜 저렇게 많이 나뉘어 있느냐면 그 사람들은 원래 정확하게 말하기를 좋아해서 그래. 우리말은 감성이 풍부해서 약간 부드럽고, 모호하게 하는 말들이 발달하였고, 영어는 이성에 바탕을 두고 정확하게 말하는 법이 발달하였어.

음…. 시제를 공부하다 보면 갑갑하지? 어떨 때는 성질도 나고? 무슨 완료, 무슨 진행, 거기다가 무슨 완료진행, 더 나가면 완료 수동태가 어쩌구…. 뭘 알아야 머릿속에 정리가 될 텐데 설명을 들어도, 책을 봐도 도통 이해가 안 되는 시제, 그래서 have been~이나 had + 과거분사~가 등장하면 이미 포기 상태에 이르지?

흐흐흐! 우리 딸만 그런 게 아냐. 거의 다 그래. 사실 아빠도 모든 시제를 완벽하게 이거다라고 설명을 못 했어. 이 위대하고 현명하신 아빠가.

그래서 아빠도 이번에 달달 파버렸어. 완벽하게 알 때까지. 아빠가 정확하게 알아야 설명할 수 있지 않겠냐? 아빠는 또 외국 생활도 해봤잖아? 그 경험들과 이번에 공부한 것을 바탕으로 시제를 펼쳐놓고 보니 영어 시제는 12개가 있어. 12개만 알면 시제는 끝이야. 12개….

말이 좋아 12개지, 그걸 언제 알아가고 있냐? 그래서 또 아빠는 접근 방법을 바꿨지. 도무지 시제가 뭐냐? 뭐 보고 시제라고 하냐?

아빠는 먼저 위키피디아에 들어갔다. "Tense" 치니까 이렇게 나왔다.

> In grammar, tense is a category that locates a situation in time, to indicate when the situation takes place. Tense is the grammaticalisation of time reference, often using three basic categories of "before now", i.e. the past; "now", i.e. the present; and "after now", i.e. the future.

"tense is a category", 즉 tense는 구분이다, 범주다, 분류다, 부문이다. 어? 이거 봐라? tense가 시제라는 뜻이 아니네? 어떤 특징별로 분류해 놓은 거네? 뭘 분류해놨지?

"locates a situation in time" 상황을 시간대에 놓다?

"to indicate when the situation takes place" 어떤 일이 언제 일어났는지를 말하려고?

아하, 그렇구나! tense라는 말은 사건이 언제 일어났는지를 말하려는 구분법이었어. 문법이 아니야. 즉, 말하는 시점과 사건이 일어난 시점을 구분해서 표현하려는 눈물겨운 노력이야. 어떻게 보면 시간대별로 잘 구분해서 말하고, 또 그걸 잘 이해해보려는 정밀한 언어 구조라고나 할까?

문법에서는 시제, 즉 tense를 언어로 묘사되는 상황과 사건이 발생한 시점의 관계를 나타내는 "동사의 어형변화"라고 해.

우리 말과는 뭐가 다를까?

영어에서는 시제가 무려 '12가지'나 있지만, 우리 말에서는 주로 '현재, 과거, 미래'의 3가지 시제만 써. 이걸로 우리는 다 알아듣지. 아! 위대한 우리 말!

예를 들어, "내가 어제 지윤이를 만났는데 지윤이가 글쎄 한 달 전에 넬(Nell)을 만났대."를 볼까?

우리 말은 어제 일어난 일이나 한 달 전에 일어난 일이나 모두 '만났다'로 말해. 물론 "만났었대!"로 말하는 사람들도 있지만 그건 틀린 말!

영어로 하면,

"I met JiYoon yesterday and she told me – oh, my god! – that she had met Nell a month ago."

라고 써야 해. 'met'과 'told'는 어제 일어난 과거형이지만, 지윤이가 넬을 만난 것은 그보다 한 달 전에 일어난 일이므로 'had met'이라고 써야 하는 거야. 그냥 우리 식으로 'met'이라고 쓰면 아니, 아니, 아니, 아니 되오.

애, 너는 우리말과 영어 차이를 알아? 문장을 만드는 방법에 있어서.

야, 이건 대단한 비밀인데…. 공부를 꽤 해야 알 수 있는 건데…. 그냥 말해주면 아까운데…. 아이스께끼라도 하나 먹어야 되는데..

아빠에게 뭐 사줄 건데? 흐흐!

짜잔! 우리말과 영어의 비밀!

하나, 주어와 동사의 어순은 똑같다!

즉, '나는 만난다'나 'I meet'는 우리 말이나 영어가 다 똑같다.

둘, 뭐가 다르냐면 '우리말은 끼워 넣기'고 '영어는 뒤에 붙이기'다.

즉, 김종완이를 만난다는

우리말 : 나는 김종완이를 만난다.

영 어 : I meet Kim JongWan.

알았지? 벌써 알았지?

우리 말은 '나는'과 '만난다' 사이에 '김종완이를'을 끼워 넣지만, 영어는 뒤에 붙인다. 얼마나 쉽냐? 내일 만난다도 넣어 볼까?

우리말 : 나는 내일 김종완이를 만난다.

영 어 : I meet Kim JongWan tomorrow.

봐! 봐! 우리말은 끼워 넣기고, 영어는 붙이기잖아! 그렇지(각종 도움말은 빠져있음)?

영어 끝~!

그럼 이제 시제를 구분해 볼까?
시제는 우선 3개밖에 없어. 과거, 현재, 미래.
그럼 이 세 가지를 구분하는 기준이 뭘까?

① 말하는 시점
② 일이 시작한 시점
③ 일이 끝난 시점

네가 3일 전에 그리기 시작해서 어제 끝낸 그림 이야기를 지금 친구에게 하려고 해. 그럼 시제는 뭘 기준으로 써야 하지?

답은 ③번이야. 일이 끝난 시점.

영어에서는 어제 끝났으니까 과거 시제를 쓰는 거야. 우리말은 어떤 일이 '언제 끝났는지'는 별로 중요하지 않아. 지금보다 먼저 일어난 일은 과거, 지금 진행 중인 일은 현재, 지금보다 나중에 일어날 일은 미래, 이렇게 세 가지만 쓰지.
하지만!! But!!
영어는 그 일이 끝나는 시점이 중요해.

과거에 일어나서 과거에 끝난 일: 과거 시제
과거 어느 시점에 시작되어 지금도 끝나지 않은 일: 현재 시제

과거든 미래든 어느 시점에 시작되어 미래에 끝날 일: 미래 시제

아! 시제 쉽네.

각 시제마다 4가지 종류가 있어. 그래서 영어 시제를 3 x 4 = 12, 12가지가 있다는 거야. 그 네 가지는 단순 simple, 진행 continuous, 완료 perfect, 완료진행 perfect continuous이야.

그럼 이 정도에서 벌써 눈치챘을 거야. 현재에 관련된 4가지 시제만 정확히 알면 과거나 미래 시제는 그냥 알겠구나. 그렇지! 이제 우리는 이 현재 시제 4가지만 알면 영문법 학자만큼 시제를 알 수 있다는 거야. 으하하! 아빠는 위대하다!

영어가 얼마나 정밀한 언어이길래 현재 시제만 4가지 종류를 가지고 있을까? 정말 과학적인 언어다. 우리말처럼 한 가지만 가지고 모든 상황을 설명할 수 있는 언어가 과학적일까, 아니면 상황을 분류하여 각각에 맞는 표시법을 가지고 있는 영어가 과학적일까? 어떻게 생각해?

이제 시제를 어떻게 표현하는지 볼까?
쉽다.

주어 다음에 오는 동사가 현재면 현재시제다. 즉 I have + 과거분사 형이더라도 I 다음에 have라는 현재 동사가 왔으면 그것은 현재시제다. 그러니까 현재 시제라 할 수 있는 4가지는 모두 주어 다음에 현재 동사가 온다. 쉽지?
그럼 먼저 시제의 종류를 알아볼까?

① 단순 시제 Simple

simple은 그 사건이 끝난 시점의 상황만 얘기한다. 심플하지?
심플한 만큼 여기저기 사용하는 데가 많아서 조금 복잡해지긴 했지만 그렇다고 어렵지는 않아요.

② 완료시제 Perfect

Perfect는 말 그대로 '완벽한'이란 뜻이야. 완료라는 말은 오히려 finished라든가 termination이란 단어에 가까운데 왜 perfect란 단어를 완료로 번역했을까? 완벽이란 말을 생각해보면 어떤 일이 흠 잡을 데 없이 마무리되었을 때 쓰는 말이지. 그래서 이 말의 번역이 완료보다는 마무리라고 하는 게 더 와 닿는다.

현재 완료, 과거 완료, 미래 완료보다 현재 마무리, 과거 마무리, 미래 마무리….

느낌이 오지? 예를 들어 현재 완료는 현재에 마무리된 일을 쓸 때 표현하는 방법이야. 그러나….

그러나 이 망할 놈의 영어 사용자들은 perfect라고 썼으면 perfect한 일에 대해서만 이 시제를 써야 하는데 perfect 하지 않은 일에 대해서도 이 시제를 쓰고 있어. 이래서 문법으로 영어를 배운 사람들이 헷갈리고 헷갈리는 거야.

perfect, 즉 완료 시제는 기간의 개념을 갖고 있어. 과거에 시작되어 현재 마무리되었거나 현재까지 계속되고 있는 것. 근데 왜 perfect, 완료란 말을 썼을까?

조금 있다 시제를 구체적으로 이야기할 때 완료가 무슨 뜻인지 조금 더 알아보자. 하여간 완료는 옛날에 무슨 일이 있었는데 그 일이 지금까지 계속되거나 지금도 영향을 미치고 있을 때 사용하는 표현법이야.

③ 진행시제 Continuous

Continuous는 '계속되는, 이어지는'이라는 뜻이 있어. 그래서 말 그대로 진행되고 있는 사건에 관해서 이야기할 때 쓰는 시제야. 말하고 있는 시점에서 진행되고 있는 일.

④ 완료진행 시제 Perfect Continuous

완료 + 진행, 즉 옛날에 어떤 일을 시작했고, 말하는 시점에 그 일을 하고 있을 때.

⑤ 수동태 Passive Voice

수동태라는 게 있어. 이것도 복잡한 동사들이 나열되어 있어서 시제는 아니지만 한 번 살펴봐야 해.

수동태는 무조건 '당하다'야. 즉, 동사의 뜻과는 반대되는 의미가 돼.

I listen to the music. 은 내가 음악을 듣고 있는 거야. 내 자유의지에 의해서.

I am listened to the music. 은 내가 음악 들음을 당하고 있는 거야. 즉 누군가 음악을 틀어놨고 내 의지와 상관없이 음악이 들리고 있는 상황이지.

수동태는 그 시점에서 당하고 있을 때 쓰는 표현이야.

이제 대강 각 시제의 종류들이 무슨 뜻인지 알았지? 이제 시제들을 샅샅이, 낱낱이 잘 정리하면서 파헤쳐보자.

여전히 아빠는 시제를 문법이라 생각하지 않는다. 다만 어떤 일들을 좀 더 정확하게 표현하기 위한 표현법일 뿐이다. 완료다, 진행이다, 모르면 어때? 써놓은 글을 내가 정확히 이해할 수 있고, 또 내가 말할 수 있으면 되지.

이제 네가 시제 표현법을 알게 되면 확실히 영어 문장을 더 깊이 이해할 수 있게 될 거야. 진짜야.

현재 시제

"어떤 상황에서는 어떻게 말을 한다."로 시제를 정리할까, 아니면 수학공식처럼 "현재, 과거, 미래. 형태는 뭐, 뜻은 뭐", 이런 식으로 정리할까 망설여진다. 사실 시제가 중요한 게 아니고 시제가 들어간 문장을 우리 아이들이 정확하게 이해하는 것이 중요하지. 또 시제가 들어간 문장을 자유롭게 구사하는 게 영어 공부의 목적 아니겠냐?

또 한편으로는 우리 애들이 전부 수학 공부하듯이 영어를 공식으로 이해하려 드니 너무 파격적인 전개는 오히려 더 답답할 수도 있고….

정리는 시제 별로, 설명은 상황으로. 이렇게 해보자.

너무 공식 외우듯이 영어에 접근하면 안 된다.

언어는? 문화다. 문화는 변하는 거니까 언어도 변한다. 우리말을 잘하지 못하면 절대 영어를 잘 할 수 없다. 그래서 만화, 영화를 많이 보고, 책도 많이 읽어야 한다. 그러므로 놀아야 한다. 언니랑 형이랑도 이야기를 많이 해서 새로운 언어 세계도 느껴보고.

음…. 노는 게 공부군.

먼저 문장을 보자.

The Earth goes around the Sun.
지구는 태양을 빙빙 돌아요.

지금도 돌고 있겠지? 그러니까 현재를 썼지. 그럼 어제는? 500년 전은? 100년 후는? 계속 돌겠지. 주─욱. 이렇게 어떤 일이 변함없이 되어가는 것을 무어라 하지? 그렇지, 진리!

이렇게 변함없이 이루어지는 일을 설명할 때 "단순 현재"라는 시제를 쓴다.

We play football every day.
우리는 날마다 공차고 놀아요.

건강한 섬 소년들이 거뭇해진 얼굴에 땀방울을 흘리며 했음직한 말. 아무 걱정도 없고 그저 자연 속에 뛰노는 애들이 생각나는 말. 어떤 글을 보면 이렇게 그림이 그려진단다. 그게 좋은 글 아니겠냐?

날마다 논댄다, 얘들이. 어제도 놀고, 오늘도 놀고, 내일도 놀고…. 이런 걸 우리가 무어라 하지? 습관.

그럼 everyday를 빼면? "We play football."

놀랍게도 뜻은 같다. 다만 축구만 하고 있다는 생각이 강한 문장이지. everyday를 넣어서 좀 더 확실하게 뜻을 전달하고 있지.

The meeting starts at 3 PM.
세 시에 미팅 시작해요.

얼핏 미래 시제 같지 않냐? 세 시에 시작한다니까 어쨌든 미래 아니냐? 근데 왜 현재 시제를 썼을까? 흑흑…. 원래는 The meeting will start at 3 PM. 알지?

앞 두 문장을 생각해 보자. 죽 이어지고 앞으로도 이어지는 일들에 현재 시제를 썼지? 그럼 이것도 그런 뜻 아닐까? 항상 오후 세 시에 미팅을 한다는…. 바뀌지 않는다는….

아하! 그렇구나. 이것도 습관이구나. 우리말로 정례회의라는 거구나. 그럼 The meeting will start at 3 PM.은? 요것은 갑자기 잡힌 미팅이야. 어떤 일이 있어서 3시부터 회의 합시다란 뜻이지. 아! 우리는 똑똑해지고 있다.

Pinocchio usually tells lies.
피노키오는 했다 하면 거짓말이야.

하여간 옛날부터 미래까지 이어지는 일은 현재. 그럼 이 말은 피노키오가 미래에도 거짓말을 할 거라는 내용이 포함되어 있겠지? 즉, 거짓말하는 습관이 고쳐질 것 같지 않다는…. 슬픈 문장이다.

우리는 이제 현재 동사가 오면 과거, 현재, 미래가 쭉 이어지는 상황을 그릴 수 있게 되었다. 그 반대도 되겠지? 과거, 현재 미래가 쭉

욱 이어지는 것이라면 현재 동사를 써야겠구나.

You are really kind.
넌 참 친절해요.

자, 그럼 이 문장은 어떨까? 현재 동사니까 당연히 과거, 현재, 미래가 이어지겠지? 그러나 am, are, is와 같은 be 동사는 그때의 상황만 얘기해. 과거에 이 사람이 친절했는지, 미래에도 친절할 것인지는 모르는 이야기지.

그러나 또 한편으로는 현재 동사이기 때문에 미래에도 친절했으면 하는 바람도 들어 있는 거야. 계속 친절했으면 좋겠다는 뜻이고. 즉, 칭찬과 약간의 협박이 포함된 말인 거지. 또 한편으로는 내가 그걸 기대한다는 얘기도 되고. 의지하는 마음도 있고….

근데 이런 기대감 없이 지금의 친절에만 감사하다는 말은 어떻게 할까?

Thank you for your kindness.

HeeJung lives in New York.
희정은 뉴욕에 살아요.

좋겠다, 희정은. 뉴욕에 살아서. 뉴욕 신년 축하 파티도 볼 수 있고…. 허드슨 강도 볼 수 있고, 맨해튼도 금방 가겠네. 공해도 많이 먹고…. 아, 이건 아니지.

현재 동사는 주욱 이어지는 것. 그럼 희정은 뉴욕을 떠난 적이 없네. 주욱 뉴욕에서만 살았네. 이게 뉴욕이니까 망정이지, 만약에 현무군 봉황면 청룡리에 살고 있다면 야, 이 사람은 완전 촌사람이라는 이야기 아냐? (가상의 주소인데 어쨌든 시골에 사시는 분들을 비하하는 글이 되어버렸다. 절대 그럴 의도가 아니란 걸 알지? 단지 뉴욕이 청룡리보다는 유명하다는 얘기야.)

이제 현재 시제를 알겠지? 우리가 간단히 생각했던 현재 시제에 이렇게 깊은 뒷이야기가 있을 줄은 정말 몰랐지?

이제 정리해 보자. 현재 시제, 단순 현재.

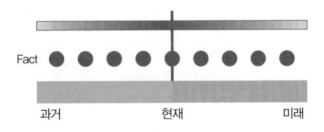

어떤 사실(행동, 사건)이 예전부터 시작해서 현재도 그대로이고, 앞으로도 계속될 때. 또는 같은 일이 예전부터 계속 반복될 때.

모든 영어 시제를 파헤쳐놓은 www.englishtenses.com에는 이렇게 정리해놨다.

1. Facts, generalizations and universal truths

2. Habits and routines

3. Permanent situations

4. Events that are certain to happen

5. Arrangements that we can't change

   (e.g. timetables, official meetings)

6. State verbs (e.g. be, have, suppose, know)

7. Narrations, instructions or commentaries

영어로 쓰여 있어서 읽기 싫지?

1. 사실, 보편적인 일, 진리

2. 습관, 통상적인 일

3. 영구적인 상황

4. 일어날 것이 확실한 일

5. 우리가 변경할 수 없는 일

6. 상태 동사

7. 내레이션, 지침, 해설

어때? 한글로 써 놓으니 공부하는 느낌이 들어? 외워야겠다는 사명감도 들고? 그런데 아빠가 보기에는 학자들이 애써 만든 나열일 뿐이다. 한번 읽어보는 것으로 충분하다.

단순 현재를 한마디로 하면 **주욱~**이다. 현재동사는 주욱 되는 일에 쓴다. 옛날부터 주욱~.

이제 현재완료 문장을 보자.

완료라는 시제에는 어떤 개념이 들어 있다고?

기간.

자, 먼저 현재완료 시제 문장은 모두 have(has) + 과거분사의 형태로 쓰이지? 그래서 우리는 모두 이렇게 외웠다. have + p.p.

근데 중요한 건 그게 무슨 뜻인데? 현재완료가 무슨 뜻인지 한 번에 말할 수 있는 사람이 있을까? 문장을 보고 음…. 이건 현재완료 시제군. 완료시제의 뜻은 완료, 경험, 등등이 있으니까 그중에 하나겠군. 그런데 뭘 적용하지?

예끼! 다 필요 없다. 우리는 곧 현재완료 시제가 어떤 문장인지 훤히 알 수 있다.

I have read this book.

나는 이 책을 읽었어요.

우리 말 시제에는 현재, 과거, 미래 시제 외에는 없지? 그러니까 이 문장을 번역해 놓으면 과거시제로 번역되어 버리지? 그럼 현재완료 시제는 어떻게 해야 하는데?

먼저 이 문장이 풍기는 느낌을 정확히 알자. "나는 옛날에 이 책을 읽었다. 그러니까 지금 이 책의 내용을 알고 있다."가 이 문장의 번역이야. 즉 옛날에 어떤 일이 있었는데 그 일의 결과가 현재에 나타나는 것. 이게 현재완료 시제야.

그럼 이 문장의 느낌은 뭐야? "나는 이 책을 읽은 적이 있어서 그 내용을 알아요."가 그 느낌이지. 단순히 위의 번역처럼 "나는 이 책을 읽었어요." 하면 이 느낌을 알 수 없지. 오히려 우리말의 정확한 번역은

"난 알아요, 이 책을."

The man has gone away.
그 남자는 사라져 버렸어요.

언제 사라졌지? 옛날에.
지금은? 없지.
그래서 정확한 뜻은?
그 남자는 옛날에 사라져서 지금은 없어요.
어때? 쫄깃쫄깃하지? 현재 완료형이라는 문장에 이런 뒷이야기가 있는지 몰랐지? 그렇게 보니까 영어가 재밌지?

그럼 "He has been to England."는 어떤 뜻일까?
옛날에 영국에 가본 적이 있어. 지금은? 한국에 있어. 그래서 어쩌라고?
옛날에 영국에 가 본 경험이나 기억은 지금 어떤 영향을 미칠까? 말하기가 참 거시기하지? 그래도 어쨌든 그 인격이나 지식에 영향을 미쳤겠지?

아마 이 문장은 어떤 사람이 빅벤(Big Ben)에 대해서 이러쿵저러쿵 이야기하니까 누군가가 쟤는 뭔데 저래? 했겠지? 그러니까 옆에 있는 친구가 '쟤는 영국에 갔다 온 적 있어.'라고 답을 해줬을 거야. 그 뜻은 그래서 빅벤을 잘 알아. 이런 뜻이야!

He has finished his work.
그는 자기 일을 끝마쳤어요.

우리말로는 일을 끝마쳤겠지만, 현재완료 시제니까 그는 언젠가부터 일을 시작해서 지금은 끝냈어요. 끝냈으니까 놀고 있죠.라는 뜻이 되겠지?
(so he can now rest.)
현재완료 시제를 아는 사람들은 이렇게 그 뒷얘기가 진짜라는 걸 안단다.
너도 이젠 알겠지?

I have already eaten the dinner.
나는 벌써 저녁을 먹었는데….

정확한 번역은? 나는 배고프지 않아요.

He has had a car accident.
그는 교통사고를 당했어요.

역시 정확한 번역은? 그는 병원에 있어요.

(that's why he is in the hospital)

Mary has worked as a teacher for over 25 years.

매리는 25년 동안이나 선생님을 했어요.

자, 그럼 뒷얘기는? '아주 유능한 선생님이죠.'가 되겠지? 나쁘게 말하면? 아주 선생 하는 데에는 이력이 났어요.

아, 아빠는 나쁜 사람이야.

Hosuk has achieved a lot in her life.

호숙은 많은 성공을 거뒀어요.

그래서 지금은? 잘 살아요.

이제 그 말 많고 탈 많은 현재완료 시제를 정리해 보자.

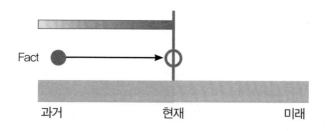

역시 englishtenses.com 사이트의 정리를 볼까?

1. Actions which happened at an indefinite (unknown) time before now
2. Actions in the past which have an effect on the present moment
3. Actions which began in the past and continue in the present

1. 지금보다 전인 어떤 시점에서 일어난 일
2. 현재까지 영향을 미치고 있는 과거에 일어난 일
3. 과거에 시작해서 지금까지 계속되는 일

아빠의 한 단어 정리는 **"지금은?"**이다.

예전에 어떤 일이 있었는데 그 일로 인해 지금은 어떻게 됐다, 이것이 현재완료다!

★ 친절한 위현아 님!

TIP 1. 시간을 나타내는 말은 현재완료 시제에 쓸 수 없다.

현재완료의 과거는 indefinite 하고 unknown 하기 때문에 그때가 언제인지 알 수가 없다. 그런데 여기에다 yesterday니, a week ago니, last year니 등등은 당연히 쓸 수 없겠지?

I have seen it **yesterday**. (꽥!)

We have gone to Paris **last year**. (꽥!)

TIP 2. For와 Since

기간을 나타내는 표현. 커피숍 간판에서 우리는 많이 본다. For와 Since를.

요놈 둘은 특히 현재완료 시제에서 많이 볼 수 있는데 언제 쓰이는지는 알아보자.

For는 시간이 흐른 동안(기간)에 쓴다.

I have lived here **for** 20 years.

나는 여기에 20년 동안 살고 있어요.

Since는 이야기하는 시작점에 쓴다.

I have lived here **since** 1960.

나는 1960년부터 여기에 살고 있어요.

현재완료의 사건 발생 시점인 과거는 불명확하지만 명확하게 표현하는 방법도 있다. 이렇게 since라는 단어로.

애, 요거 요거 아주 쉽다. 문장 몇 개만 보면 그냥 이해된다.

He is sleeping.
그놈 자요.

그놈이 자고 있다. 언제? 지금! 그놈은 항상 자는 놈이 아니다. 먹기도 하고, 놀기도 하고, 노래도 부르고…. 하지만 그놈이 자고 있다. 지금은.

You are always coming late for the meetings!
넌 항상 늦어!

그냥 you're coming late는 "넌 지금 늦게 왔어."인데, always를 넣어서 항상 늦는다는 어떤 경향을 나타냈어.
현재진행인 is + ~ing는 무조건 지금이야. 기타 다른 단어를 넣어서 경향을 나타내기도 하고, 요즘 주로 하는 일을 나타내기도 하는데, 하여간 현재진행은 글자 그대로 현재만 진행이다.
어떻게 현재진행을 쓰고 있는지 볼까?

I'm riding a bike to get to work because my car is broken.

I'm riding a bike. 는 지금 타는 거지?

to get to work 일하러 갈 때.

근데 여기서 우리가 잘 아는 단어가 나온다. 비코오스~.

because my car is broken. 차가 박살 나서.

그럼 얘는 평소에는 회사에 갈 때 차를 타고 다녔지만, 요즘은 차가 박살 나서 자전거를 타고 다닌다는 말이지? 이렇게 이유를 대서 순간 (moment)이 아니라 당분간의 개념으로 바꿔 쓸 수도 있다는 거야.

이런 문장을 우리말로 바꿀 때는 "요즘"이란 말을 넣어주는 센스!

그래서 이 문장은 '나는 요즘 차가 고장 나서, 일하러 갈 때 자전거 타고 다녀.'

차가 다 고쳐지면? 자전거 안 타고 차 타고 다니겠지? 그럴 때는

I drive a car to get to work. 나는 회사 갈 때 차 타고 다녀.

They are not talking with each other after the last argument.

말다툼하고 나서 서로 말을 안 한대. 이 문장도 그들은 쭉 친하게 지내왔는데 요즘 서로 말을 안 한다는 거겠지? 화해하면? 다시 말을 하겠지.

그럼 이 문장은 어떨까?

YooJin is working at McDonald's.

유진이는 어디에서 일하고 있지? 맥도날드(맥도리아가 아님).

언제? 지금. 그럼 나중에는? 안 할 수도 있다는 얘기지. 지금만 일하고 있다는 얘기지.

그럼 이 문장의 정확한 번역은? 유진이는 당분간 맥도날드에서 일해요.

아! 시제의 아름다움!

이 현재진행 시제는 단순한 만큼 써먹을 데가 많다. 미래시제로도 쓸 수 있다.

I'm meeting YoonSeo in the evening.

I'm meeting이니까 나는 지금 뭐해? 윤서를 만나고 있지. 근데 in the evening을 붙여서 저녁에 만나고 있을 거라고 말하는 거지. 미래를 표현하는 방법이 된 거야.

He's flying to Paris in September.

이 문장도 똑같지? 현재 진행형인데 뒤에 in September를 붙여서 미래형으로 바꿔버린 거지?

The Universe is expanding.
우주는 팽창한다.

이제 이 문장의 뜻을 정확히 알아보자.

우주가 언제 팽창하고 있어? 지금. 옛날에는? 또 미래에는? 만약에 과거든 미래든, 우주가 팽창한다면 The Universe expands라고 썼겠지? 근데 왜 현재진행을 썼을까? 모른다는 거야. 옛날에 우주가 팽창했는지, 또 앞으로도 계속 팽창할 건지 모른다는 거지. 그럼 우리말로는 어떻게 해야 해? 현시대에 우주는 팽창하는 걸로 보인다.

자! 이제 현재진행 시제를 마무리해보자.

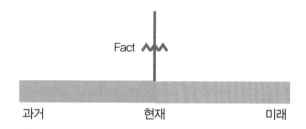

야! 그림 간단하다.

englishtenses.com 정리

1. Present actions

2. Temporary actions

3. Longer actions in progress

4. Future (personal) arrangements and plans

5. Tendencies and trends

6. Irritation

1. 지금 행동
2. 요즘 행동
3. 진행 중인 좀 긴 행동
4. 미래의 약속이나 계획
5. 경향과 추세
6. 짜증

확실히 알겠어. 문법을 한다는 친구들이 무슨 짓을 하는지.

그냥 지금 하는 행동이라고 간단하게 말하면 되는데 저따위로 길-게, 가능한 한 많-이 써놓는 거야. 그것도 특정 단어나 구를 붙여야 변화하는 데에도 현재진행 시제는 이렇다 해서 무려 6개나 써놨어.

아빠의 한 단어 정리 **"이 순간!"**

그럼 다음 두 문장의 차이점이 뭘까?

JungYoon is getting up at 7:00 a.m.
JungYoon gets up at 7:00 a.m.

바로 느낌이 오지?

처음 문장은 정윤이가 오전 7시에 일어났다는 거야. 평소에는 이 시간에 안 일어난다는 거지. 지금 7시에 일어났다는 거야. 곧 무슨 이야기가 뒤따라 오겠지.

두 번째 문장은 정윤이가 항상 7시에 일어난다는 거야. 어제도, 오늘도, 내일도.

이게 시제야.

우리는 이제 현재도 알고 현재완료, 현재진행 시제도 다 안다. 그러니까 현재완료진행 시제도 모를 수가 없다.

현재완료 시제의 뜻은? "지금은?" 옛날에 무슨 일이 있었어. 그런데 지금은? 이란 뜻이지?

현재진행 시제의 뜻은? "이 순간!"이야. 그럼 이 둘을 합치면 현재완료진행 시제가 되겠지? 합쳐봐.

"옛날에 무슨 일이 있었어. 지금 이 순간까지"이지 않겠어? 문장을 보자.

He has been painting the house for 5 hours.

얘는 5시간 전부터 집에 칠을 하기 시작해서 지금까지 painting하고 있는 거지.

He's still painting it.

그럼 이 문장을 어떻게 이해해야 해?

오랫동안 칠을 하고 있는 행위에 대한 묘사야. 즉, 완료처럼 옛날에 어떤 일이 있었는데, 지금은 그 일로 말미암아 어떻게 됐다라는 개념이 아니라, 옛날부터 지금까지 어떤 일을 했다는 행위의 표현인 거지. 그럼 이 문장은 감탄사지. 야, 저 놈이 5시간 동안이나 그림을 그리고 있네.

I have been working as a fireman since 1985.

언제부터 소방수였지? 1985년. 오래도 했다. 대단하다. 30년 째네.
그럼 지금은? I still work as a fireman. 소방수지.
우리말은? 나는 무려 1985년부터 소방수로 일했어.

자, 그럼 묘한 상황을 하나 보자.
엄마랑 너랑 영화 보려고 롯데 시네마 앞에 있는 '앤제리너스' 카페
에서 2시에 만나기로 했어. 근데 엄마가 안 와. 무려 1시간이 지난 3
시에야 도착하신 거야. 이때 쓰는 말.

I have been waiting for you for an hour!

엄마에게 투덜거리는 거지. 근데 문장을 가만히 봐 봐. 1시간 전부
터 기다려 왔어. 그러니까 이 문장은 "1시간 동안 기다림"이란 말을
하고 있는 거지. 근데 이 말을 누구한테 했지? 엄마한테. 그럼 지금
은 기다려, 기다리지 않아? 기다리지 않지? 엄마가 오셨으니까.
  이렇게 상황이 끝난 경우에도 쓸 수가 있어. 왜냐하면, 현재완료진
행은 과거부터 현재까지의 일을 가리키니까.

I'm not waiting anymore because mom has come.

이렇게 현재완료진행은 지금까지의 일을 말할 때 쓰고 그다음은
계속되는지, 끝났는지 알 수가 없어. 다음 문장을 봐야 해.

Look at her eyes! I'm sure she has been crying.

이 문장도 언제부터인가 시작해서 방금까지 울었다는 거지. 울어서 눈물이 그렁그렁하거나 눈물 자국이 선명한 것을 보고 이야기하는 거야. 계속 울 수도 있고, 이제는 울지 않을 수도 있지.

그러니까 그녀가 지금 울거나 안 울거나 중요한 것이 아니야. 오랫동안 운 그녀가 짠한 거지.

I have been living in Tokyo for two months.

애는 두 달간 도쿄에 살았어. 두 달씩이나 살았던지, 겨우 두 달 살았든지 간에 애는 두 달간 도쿄에 산 거야.

하나만 더 볼까?

I have been working as a waiter for the past week.

나는 지난주에 접대부로 일을 한 거야. 일주일 동안.

이제 현재완료진행을 정리해보자.

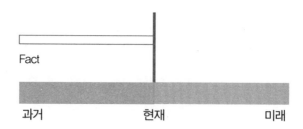

현재완료진행은 과거부터 현재까지 진행되어 온 일을 묘사할 때 쓰는 말이야.

have been ~ing 형태로 되어 있고, 아빠가 보기엔 좋은 뜻이든, 나쁜 뜻이든 감탄의 뜻도 있어.

englishtenses.com에서는 이렇게 정리해놨네.

1. Actions that started in the past and continue in the present
2. Actions that have recently stopped
3. Temporary actions and situations

1. 과거에 일어난 일이 현재까지 계속되는 경우
2. 최근에 일이 멈춘 경우
3. 최근의 일이나 상황

이 해설도 아빠는 참 답답하다. 최근에 일이 멈추었는지 안 멈추었는지 어떻게 알아? 다음 문장이 오던지, 아니면 부가 설명이 있어서 아, 이젠 멈추었구나를 알기 전에는 단순히 현재완료진행 시제만으로 알 수가 없어. '최근의 일이나 상황'이라는 해설도 현재완료진행이니까 옛날부터 지금까지 계속되었으니 최근에는 그 일을 했겠지. 안 그래?

아빠가 정의한 현재완료진행 시제는 **"지금까지"**이다.

흐흐흐…. 이제 현재시제가 끝났네.

현재 시제를 읽어 본 느낌이 어때? 아빠는 너희가 시제를 사용하는 문장들에서 더 생생하고 풍부한 느낌을 가졌으면 좋겠어. 해석하고 번역해야 하는 그런 문장이 아니고 뭔가 울림이 있는 문장.

"우린 밥을 먹는다."

이 글에는 어떤 느낌이 있지? 우리는 고기나 면이 아니라 밥을 주식으로 한다. 이런 느낌이 있지? 또 이렇게도 볼 수 있지 않아? 지금 우리가 밥을 먹고 있는 상황.

이렇게 우리말에 이중적인 의미가 포함되는 건 동사 때문에 그래. '먹는다'는 동사. 물론 이중적인 의미가 없도록 정확히 쓸 수도 있어.

"우린 주식(主食)으로 밥을 먹는다."
"우린 지금 밥을 먹는다."

우리 말은 단어를 추가해서 정확한 의미를 전달할 수 있지만, 영어에서는 이것을 시제로 하는 거야.

"We eat bab."
"We are eating bab."

시제는 말을 하는 시점과 사건이 마무리된 시점을 잘 구분해서 말하려는 영어권 사람들의 문화일 뿐이야. 아하, 이렇게 하는 거구나 정도만 알면 우리는 그들의 언어를 훨씬 더 풍성하게 이해하고, 그들의 문화를 알 수 있게 되는 거야.

'밥'을 사전에서 찾아보면 steamed rice, boiled rice라고 나오는데 이건 말이 안 돼. 우리가 쌀을 찌는 것도 아니고, 끓이는 것도 아니잖아? 우리는 밥을 짓지. 그냥 밥(bab)이라고 쓰는 게 제일 좋아.

영어에 우리말을 맞출 필요는 없잖아?

음…. 또 하나. 우리말과 영어의 가장 큰 차이점은 명사와 동사의 사용법이라고 생각해. 우리말은 명사와 명사를 자연스럽게 연결해서 쓰고, 반면에 영어는 동사를 그렇게 써.

예를 들면, 우리는 '연예 대상 시상식'이라고 하잖아? 연예 + 대상 + 시상식이라는 명사 3개를 나란히 쓴 거지. 영어로는 annual award for entertainment, 이렇게 형용사를 써서 표현하게 돼.

또 영어에서는 'I have loved, love and will love you.'처럼 동사와 동사를 겹쳐 쓰는 경우가 많아. 번역하자면 '나는 당신을 사랑해 왔고, 지금도 사랑하며, 앞으로도 사랑할 겁니다.'

근데 앞 문장 다시 봐봐. 현재완료 + 현재 + 미래 시제를 써서 저 먼 과거부터 미래까지를 한 번에 표현하고 있지 않냐?

이런 맛이야. 시제라는 게 이렇게 시간대를 넘나들며 표현하는 방법인 거야.

현재 동사가 오면 옛날에도, 앞으로도 계속되는 일을 말하는구나.

현재완료가 오면 아, 지난 일을 꺼내어 그와 관련된 어떤 일을 말하려는 구나.

현재진행이 오면 지금 저렇다는 구나. 옛날이나 앞으로는 변할 수도 있겠네.

현재완료진행이 오면 방금 까지 뭔가를 하고 있었구나.

이런 느낌이 드는 것으로 충분한 거야. 이게 현재시제야.

아빠가 앞에서 말한 네 가지, "주~욱", "지금은?", "이 순간", "지금 까지"를 문장에서, 말에서 잘 이해가 되면 현재 시제 끝.

과거는 이 네 가지가 그대로 과거로 가는 거야. 미래는? 역시 그대로 미래로 가지. 그러니까 이 현재시제를 얼마나 아느냐가 시제를 잘 아는 지름길이겠지?

Part 3-3 과거 시제

> "단순 과거 Past Simple"

하여튼 이제 과거 시제를 보자. 과거는 지나간 일이지? 그러니까 과거 시제는 지나가 버린 일을 얘기하는 거야. 그때 일어나서 마무리 된 일.

그때 일이니까 그때부터 지금까지 무슨 일이 있었는지는 알 수 없 는 공간이 되는 거야. 그 일 이후로 어떻게 됐는지 알 수 없어.

영어 문장을 보면서 얘기하자. 과거는 쉬어. 그냥 과거다. 그땐 그 랬어요~는 몽땅 과거야.

John cut his finger last week.
지난주에 손가락을 베었어요.

과거는 그때 일어난 일만을 이야기한다고 했지? 그러니까 그 시점 부터 지금까지는 비어버리니까 그 일이 어떻게 됐는지 알 수가 없지.

이 문장도 그래. 그때 손가락이 베었다는 거야. 그걸 치료했는지, 그 일로 회사를 그만두었는지 알 수가 없지. 그야말로 그때 그 순간 의 일만을 이야기해.

I went to college 3 years ago.

3년 전에 대학에 다녔다. 그래서 어쩌라고? 참 무미건조하다.

이렇게 단순과거 시제는 다른 문장과의 연계가 없으면 알 수가 없어. 우리나라 영어교육 하고 똑같아. 문장 자체는 번역이 되는데 그래서 어쩌라고? 다.

I lived in New York for 10 years.

10년이나 뉴욕에 살았어.

얘, 그럼 이 문장을 쓴 나는 지금 뉴욕에 살까, 안 살까?

안 살지. 왜냐하면, 과거 시점부터 현재까지가 비어버리니까. 만약 살았다면 현재완료나 현재완료진행 시제를 썼겠지.

I don't live there anymore.

아마 뉴욕에서 10년이나 살던 사람이 타일러가 살던 저-기 버몬트에 가서 했음직한 말.

All my family once lived in America long ago.

우리 가족 모두는 오래전에 미국에서 살았던 적이 있다.

이 문장에서 과거 시제를 보는 영어권 사람들의 시각을 볼 수 있어. 과거 어느 시점이라는 말이 꼭 1950년 6월 25일처럼 특정일, 특정 시간뿐만 아니라 특정 기간도 하나의 덩어리 시점으로 본다는 거야.

예를 들어,

All my family once lived in Ban-Po.라고 하면 우리가 반포에

산 시간은 한 3년쯤 될 텐데, 그 시간 모두를 하나의 덩어리로 봐서 과거 시제를 쓴 거야. 물론 지금은 반포에서 안 살지.

단순현재 시제에는 "주-욱"이라는 개념이 있는데 단순과거 시제에는 그런 개념이 없을까? 물론 있지. 그때 주-욱.

My daughter watched animations every morning when she was a child.
내 딸은 어렸을 때 매일 아침 만화영화를 봤지.

Mother used to turn off the TV about noon.
엄마가 점심 때쯤이면 TV를 끄셨다.

이렇게 그때 습관처럼 반복했던 일도 과거 시제를 쓰지.

이쯤에서 시제라는 원칙이 왜 생겼는지 다시 한 번 생각해 보자. 하나는 말할 것도 없이 사건이 일어난 시점이다.

She left the office.

그녀는 사무실을 떠났어. 언제? 과거에. 그러니까 left라는 과거 동사를 썼지. 즉, 동사가 과거면 과거에 일어난 일, 현재면 현재에 일어난 일.

두 번째는 순서다.

어떤 일이 먼저 일어났는지를 말하기 위해 시제라는 규칙이 생겨난 거야.

She left the office before I got there.

내가 도착하기 전에 그녀가 떠났어. left와 got 모두 과거지만 before라는 말로 사건의 선후를 정확히 말해주지? 그래서 before와 after만 알아도 시제를 따로 공부할 이유가 없는 거야.

다만 그것이 시점이냐, 기간이냐, 덩어리냐에 따라서 단순이니, 완료니, 완료진행이니 하고 설명하는 거야.

어려운 문제.

She left the office when I got there.를 우리말로 해보자.

그녀와 나는 만났게, 못 만났게?

내가 도착했을 때 그녀는 떠났다. 어느 게 먼저야? 도착이 먼저야, 떠난 게 먼저야?

저 문장만 가지고는 모르겠지? 그러나 답은 동시야. 왜냐하면, 같은 과거 시제를 썼으니까. 즉 옛날 내가 도착하고, 그녀가 떠난 것이 동시에 일어난 거지.

그럼 답은 만난 거야. She left the office as soon as I got there.

둘이 확실히 안 만나게 하려면 어떻게 써야 돼? 더 앞선 과거 시제를 써주면 되겠지?

She had left the office when I got there.

앞선 과거(먼 과거)를 문법책에서 '대과거'라고 해.
이제 과거 시제를 정리해 볼까?

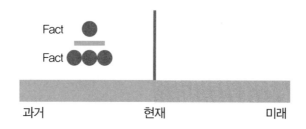

1. Events in the past that are now finished
2. Situation in the past
3. A series of actions in the past

1. 현재는 끝난 과거의 일
2. 과거의 상황
3. 과거에 있었던 일련의 행동

이제 과거 시제를 한 단어로 정리해 보자.
"그랬지."

★ 친절한 위현아 님!

TIP 1. 시간을 나타내는 말은 과거 시제와 많이 쓴다.

현재완료에서 yesterday니, a week ago니, last year니 등등은 쓸 수 없다고 그랬지? 근데 과거 시제에는 많이 쓴다. 과거를 definite 하고 known 하게 만들기 위해.

I saw it yesterday. (오!)
We went to Jeju-Do last year. (오!)

2010. 3.5

"윤빈아, 너 진짜 낙타 본 적 있어?"
Have you ever seen a real camel, YoonBin?

"아니."
No, daddy.

"그럼 내일 동물원에 가자!"
Tomorrow, we're going to the zoo.

"만세!"
Hurray!

2015. 오늘

"내 아들은 우리가 동물원에 가기 전까지 진짜 낙타를
한 번도 본 적이 없었어."
My son had never seen a real camel before we went
together to the zoo in Spring 2010.

윤빈이는 2010년 3월 6일에 동물원에 가기 전까지는 한번도 낙타를 본 적이 없었어. 그리고 동물원에 갔지. 이걸 아빠가 오늘 이야기하는 거야.

먼저 동물원에 갔다는 we went to the zoo지? (과거)

본 적이 없는 건 그 전 날까지였지? 그러니까 더 먼 과거지? (과거완료) 그래서 had never seen이라는 과거완료 표현을 쓴 거야.

과거완료 끝. 과거완료 쉽지?

잊지 마! before를 쓰면 둘 다 과거 동사를 써도 사건의 선후가 분명하니까 과거완료 시제를 쓰지 않아도 된다는 거.

그런데 위 문장은 before와 과거 완료시제로 너무나 정확하게 사건의 선후를 말하고 있는 거야.

My son never saw a real camel before we went together to the zoo in spring 2010.

이렇게 써도 전혀 문제가 없어요.

그러니까 과거완료 시제 별거 아니지?

그러나, but, 이 과거 완료시제로 헷갈리는 게 하는 게 있지.

이런 문장 봤어?

If we had gone by taxi, we wouldn't have been late.

had gone이라는 과거완료 시제에다 if가 붙어 있고, 거기다가 다음에는 would까지 나와. 무슨 뜻이게?

우리는 모두 이 문장 알고 남아. 왜냐? 이제 시제를 정확히 아니까.

we had gone by taxi. 우리는 택시로 갔다. 먼 과거.

If we had gone by taxi, 우리가 택시로 갔다면…. (가정)

we would not have been late.

흐흐…. 죽겠지? would에다가 have been이라는 현재완료까지 나타났으니….

먼저 we have been late부터.

현재완료는 뭐다? "그래서 지금은…."

문장의 뜻은? 늦어서 뭔가 손해를 본 거지. 굳이 번역하면 '늦어서 망했다.'쯤 되겠지?

그럼 would not을 넣으면?

우리 이 정도에서 정말 사람을 무기력하게 만드는 would, should, could + have + 과거분사를 완전히 알아버리자.

놀랍게도 이것은 무슨 문법이니, 어법이니가 아니고 그냥 단어다.

숙어 정도? 뜻이 약간씩 다른 숙어.

공통적으로 무슨 뜻이냐…. ~했을 텐데

would가 오던, should가 오던, could가 오던 다 공통적인 뜻은 "안 했어. 그러나 했다면~"이야.

먼저 〈would have pp~〉

A: Remember the guy who always stares at me in the library?

(도서관에서 항상 나를 뚫어지게 쳐다보는 놈 기억나니?)

B: Oh yeah, the one with eerie smile?

(어 그래, 기분 나쁘게 웃는 놈?)

A: He asked me out today.

(글쎄 오늘 나에게 데이트 신청하는 거 있지.)

B: Seriously? What did you say?

(정말이야? 너 뭐라고 했어?)

A: I said I would call him once I finish the report.
   What would you say?

(리포트가 끝나는 대로 내가 전화한다고 했어.

너라면 뭐라고 하겠니?)

B: I would have told him that I have a boyfriend.
   You don't want to give him any hope, do you?

(나라면 남친이 있다고 했을 거야. 그 남자에게 희망을

주고 싶진 않잖아, 안 그래?)

"would have p.p.~"는 어떤 일 때문에 안 했을 때 쓰는 말이야.

Something wasn't done because of something else.

예를 들면,

We would have bought the car if we had the money.

돈이 없어서 차를 못 산 거지.

위 문장에서도 B would have told~ if A~ 는 "B가 A라면 이렇게 말하고 싶었는데 A가 아니어서 못 한 거야."라는 표현이야.

친구들끼리 "야, 나라면 이랬겠다."라고 말하고 있는 거지.

어떤 일 때문에 못 한 것은 "would have p.p.~"야. 비가 와서 공원에 못 간 것, 택시를 안 타서 늦은 것, 늦잠을 자서 약속 시각을 못 지킨 것···. 모두 다 "would have p.p.~".

그럼 뒤에 have + pp가 오지 않는 would는?

말을 부드럽게 하려는 거야. 직접 하지 않고. please와 같은 뜻이 포함되는 거지.

우리가 레스토랑에 가서 양파 수프를 시켜.

"I would like to order the onion soup please."

그리고 그 날 일기장에는 이렇게 쓰겠지.

I ordered the onion soup.
난 양파 수프를 시켰다.

어떤 느낌인지 알겠지?

I said I would call him once I finish the report.
위 대화에 나오는 이 말의 느낌은 숙제 다 끝내면 봐서 '전화할게'
지, 꼭 한다는 의미가 아니야. 할 수도 있고, 안 할 수도 있다는 뜻
이야.

흐흐…. 그러나 A라는 여자는 아마 실제로는 그 남자에게 이렇게
얘기했을 거야.

I'm going to call you after finishing the report.
숙제 끝나면 (꼭) 전화할게요.

근데 친구 B에게 말할 때는 would를 집어넣어서 살짝 빼고 있지?
이걸 우리가 뭐라고 하지? 내숭. 그렇다! would는 내숭 떨 때도 쓴다!

또 있지? "What would you say?"
이 말은 "너라면 어쩌겠어?", "너라면 뭐라고 했을래?"

굳이 문법적으로 말하려면 "What would you have said?"이라고
해야 하겠지? 근데 would 다음에 바로 현재 동사 say를 써버렸어.
이런 걸 우리가 뭐라 하지?
관용어. 그냥 그렇게 쓰는 말.
그냥 "너라면 어쩌겠어?"라는 의미로 "What would you do?"를

많이 쓴다.

그런데 잘 봐봐.

"안 했는데 했다면 ~했을 텐데"가 무슨 말이야? 안 했는데 왜 저런 표현을 쓸까?

맞다, 게보린!

이게 가정법이라는 거야. ~했더라면….

결국, would have p.p.~, should have p.p.~, could have p.p.~ 이 세 가지 표현은 가정하는 문장에 쓰인다는 거지.

그럼 이번엔 〈should have pp~〉

A: How long have you waited here?
   (오래 기다렸니?)
B: About an hour…. I thought you forgot about this.
   (한 시간 정도…. 난 네가 잊은 줄 알았지.)
A: Sorry. I should have called you.
   (미안, 네게 전화를 해야 했어.)

어때, 느낌이 딱 오지? "should have p.p.~"의 표현은 "해야 하는데 안 했거나 못한 거야. 그래서 그때 했어야지." 하며 짜증 내는 거야.

Something was to be done, but it wasn't.

We should have bought the new car.

새 차를 샀어야 했어.

해야 하는데 못했을 때 쓰는 게 should have pp~랬지? 그럼 위 문장은 어느 때 쓸까?

아마 오래된 차를 타고 가다가 도로 한가운데에 멈춰 섰을 때 저렇게 말하겠지? 새 차를 사야 했어.

마지막 〈could have pp~〉

A: JungYoon said she finally got the Moomin.
　(정윤이가 드디어 무민 인형을 구했다더라.)

B: Where did she find them? I heard they are all sold out.
　(어디서 발견했대? 매진되었다던데.)

A: She happened to walk in to a gift shop on
　ChungMu-Ro and found a few Moomin there.
　(충무로의 한 선물가게에 어쩌다가 들어갔는데
　무민이 몇 개 남은 것을 발견했대.)

B: Lucky her! She could have bought one for me.
　(운 좋다! 내 것도 좀 사주지.)

이제 "could have p.p.~"도 느낌이 오지? 아쉬움이 묻어있는.
그래. "could have p.p.~"는 "하면 좋았는데 안 했거나 못한 거야.

그래서 그때 했다면 ~ 했을 텐데"의 아쉬움이지. (안 해서 아깝네)

이제 한꺼번에 볼까?

"would have p.p.~"
할 수 있었는데 어떤 이유로 못한 것에 대한 가정
~ 할 수 있었는데

"should have p.p.~"
해야 하는데 안 한 것에 대한 가정
~ 해야 했어.

"could have p.p.~"
해도 되는데 안 한 것에 대한 가정
~ 했으면 좋았는데

"What can I say? I woulda, coulda, shoulda done it, but it doesn't matter much now."
(내가 무슨 할 말이 있겠어? 할 수 있었고, 하면 좋았고, 해야 했지만, 이제는 별 상관없지 뭐.)

여기서 woulda, coulda, shoulda는 각각 would have, could have, should have의 줄인 말. 여기에서도 would는 의지, could는 아쉬움, should는 못한 것에 대해 화가 나는 상태를 보여주고 있어.

혹시 더 좋은 해석이 있니? 그럼 책의 빈 공간에 네 생각을 적어 놔.

그럼 이제 다시 저 앞의 If we had gone by taxi, we wouldn't have been late.로 돌아가 볼까?

앞에는 if라는 단어로 가정을 했고, would have pp~를 썼으니까 익지의 했을 텐데~ 어쩌고, 저쩌고….

다 필요 없고 would have p.p.~니까 택시를 안 타서 늦은 거야.

이 문장을 보고 가정법 과거완료 운운하는 것은 문법으로 영어를 보려는 사람들이야.

이제 정확히 번역해보자.

"우리가 그때 택시만 탔더라도 안 늦었을 거야."

우리는 지금 과거완료 시제를 살펴보고 있다. 이 시제는 먼 과거를 표현해 주는 쉬운 시제이지만, 가정법에서 혼용해 쓰므로 헷갈리기 쉬운 시제다.

달리 이야기하면 어감을 풍성하게 해주고, 하지 못한 것에 대한 의지, 후회, 아쉬움 등을 나타낼 때는 과거완료 시제를 활용한다.

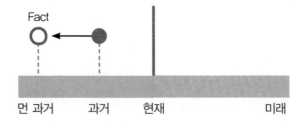

이제 정리해볼까?

1. Completed action before another action in the past
2. Third conditional sentences
3. Reported speech
4. Dissatisfaction with the past

1. 이미 일어난 사건 전에 일어난 일
2. 제3의 조건이 붙는 문장에 사용(가정)
3. 어떤 일을 보고할 때
4. 과거의 불만족

1번은 먼 과거를 이야기하고, 2번은 가정, 3번은 뉴스(He asked if I had read Harry Potter.), 4번은 불만족 운운하는데 결국 가정하는 말을 쓸 때 과거완료 시제를 사용한다는 것.

I wish I had taken more food.(음식을 더 먹었더라면….)
= I'm hungry now.

If only I had taken more food.(음식만 더 먹었더라도….)
= I'm hungry now.

결국, 과거 완료는 먼 과거와 하지 못한 일을 이제 와 했다면 하고 가정할 때 쓰는 시제.

아빠의 한 줄 정리,

"지나간 일이지."

현재진행 시제는 뭐였지? 지금 이 순간.

그걸 그대로 과거로 보내 봐. 그때 그 순간이 되겠지? 살짝 바꾸자,
"그땐 그랬어"로. 이게 과거진행 시제야.

I was watching TV yesterday in the evening.
어제저녁에 TV를 보고 있었어.

현재진행은 그야말로 지금 이 순간이지만 과거진행은 약간 시간을
둔다. 즉 어떤 기간 동안 있던 일을 얘기해.

생각해 봐. 네가 어제저녁 10시 40분부터 11시 30분까지 TV를 봤
다면

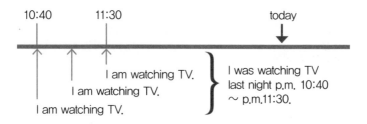

이렇게 되겠지? 그러니까 TV를 본 매 순간은 I am watching TV.
가 되겠지만, 오늘 그 이야기를 할 때는 TV를 본 그 순간들을 모두
합쳐 I was watching TV yesterday in the evening.'이라고 얘기
하는 거야. 그래서 과거 진행시제는 순간이 아니라 기간 개념이 들어

가는 거야. '그때 그 순간'이 아니고, '그땐 그랬어'가 되는 거지.
볼래?

She was sleeping on the couch.
그녀는 그때 카우치에서 자고 있었어.

영어 소설을 읽다 보면 이 카우치란 말이 참 많이 나와. 카우치가
뭘까? 이거야.

우리는 이걸 뭐라고 부르지? 소파(sofa).
그럼 영어권에서 소파는 어떻게 생겼을까?

똑같지? 그럼 뭐가 다르지?
혹시 우리가 또 뭔가 잘못 쓰고 있나? sofa는 아랍 어(語)인
suffah에서 나온 말인데 벤치에 담요를 덮고, 쿠션을 두어 앉기 편
하게 만든 의자고, couch는 프랑스 어인 couche에서 나온 말인데
가구의 하나래.
그런데 영어권에서도 이 두 가지 단어는 혼용해서 쓰이는 것 같아.

다만 소파는 좀 크고, 침대로도 쓸 수 있는 걸 가리키고, 카우치는 좀 작고, 캐주얼한 소파를 가리키는 말이야. 또 영국에서는 소파란 단어를 많이 쓰고, 미국에서는 카우치란 단어를 많이 써.

그러니까 카우치는 우리가 말하는 소파랑 거의 같은 말이야.

The dog was barking.
고놈의 개가 짖고 있었지.

언제? 그때.

이 과거 진행시제와 과거시제를 합치면 재미있는 일이 일어나. 과거는 순간의 개념이고, 과거진행은 기간의 개념이 있잖아. 이 둘을 합치면 과거가 진행되는 동안에 어떤 사건이 일어나.

I was talking with mom when the telephone rang.
내가 엄마랑 이양 이양 이야기하고 있는데 벨이 울리는 거야.

While my dad was playing tennis, the bike crashed.
아빠가 테니스를 하고 있는 동안에 자전거가 망가졌어.

When Suzy was painting doors, it started raining.
수지가 문에 색칠을 하고 있는데 비가 오기 시작해.

여기서 중요한 것은 과거진행은 기간 개념이고, 단순과거는 순간 개념이라는 거야.

그럼 과거진행 둘을 붙이면?

I was watching TV and unny(언니) was reading a book.
내가 TV를 보고 있을 때 언니는 책을 읽고 있었어.

짜잔! 과거 기간에 어떤 일이 중복되지?

Our family was eating the dinner and watching
Muhandojeon(infinite challenge).
우리 가족은 밥 먹으면서 무한도전을 봐.

이렇게 같은 시제가 나란히 쓰이면 동시에 일어나는 일을 표현할
수 있는 거야. 다시 말하지만 무슨 용법이 아니야. 그냥 표현하고 있
는 거야. 시제라는 규칙을 가지고.

마지막으로 과거진행이 특이하게 쓰이는 경우,

I was wondering if you could open the window.
당신이 유리창을 열어주시는 황송한 일을 해주실지 저는 잘 모르고 있
었어요.

이게 도무지 무슨 말이냐? 네가 유리창 문을 열어주리라는 걸 모
르고 있었다? 쯧…. 결국 유리창 좀 열어달라는 소리네.

I was thinking you might help me with this problem.

당신이 이 문제에 대해 저를 도와주실지도 모른다고 생각하고 있었어요.

이건 또 무슨 말이냐? 제발 좀 도와 달라는 소리야, 아니면 안 도와줘도 할 수 없다는 소리야?

이렇게 영어에서는 공손한 표현에 과거 진행을 쓴단다. 결국, 두 문장 다 유리창 좀 열어주시겠습니까?, 이 문제를 좀 도와주십시오의 공손한 표현이란다.

물론 could로 쓰는 법도 있지. 그건 극공손.

이제 정리해보자.

1. Duration in the past

2. Interrupted actions in progress

3. Actions in progress at the same time in the past

4. Irritation

5. Polite question

1. 과거에 일정 기간 지속되던 것

2. 진행 중이던 일이 방해 받았을 때

3. 과거에 동시 진행되던 일

4. 짜증

5. 공손한 물음

4번 짜증이 좀 독특하다. 예문을 볼까?

She was always coming late for dinner!
그녀는 항상 저녁 식사 시간에 늦었어.

아빠는 이럴 때 참 어이가 없어. 문장의 느낌이 아, 짜증 내는구나 하고 생각은 되지만 과거진행이 짜증에 쓰인다고 떡 용법에 써놨다. 이러니 아빠가 문법 공부하지 마라, 문법 쓸데없다고 얘기하는 거야. 그럼 행복에도 쓰이고, 열정, 기쁨, 슬픔, 노여움 등등 인간의 모든 감정을 나타내는데 다 쓰이겠네. 다 용법이네.

물론 쓰이겠지. 하지만 그건 특별한 용법이 아니고 언어라면 모두가 가지고 있는 특성 아니겠냐? 누가 문법용어로 뭐라고 하든 절대 스트레스받지 마라. 거의 모두가 쓰레기다. 우리가 알아야 할 것은 표현법이다. 이럴 때를 뭐라고 하지? 정도(正道).

과거진행 시제를 한 단어로 정리하면 뭐?
"그땐 그랬지."

현재완료진행은 덩어리 개념이었지? 과거 어느 시점부터 현재까지 진행되었던 일.

과거 완료진행은 현재완료진행을 그대로 과거로 보내면 돼. 먼 과거 어느 시점부터 과거 시점까지의 덩어리. 그럼 과거 완료진행 시제를 한 단어로 줄이면 뭐가 될까? 현재완료진행이 "지금까지"였으니 "그때까지"네.

아, 쉽다.

The dogs had been quarreling for half an hour when we arrived home.

고놈들은 우리가 집에 도착했을 때까지 30분 동안이나 토닥거리고 있었다.

집에 도착했어. 그런데 도착 시각보다 30분 전부터 토닥거리고 있었던 거지.

I had been dating Jenny for 3 years before we got married.

결혼은 이미 했지. 그런데 3년 사귀고 결혼한 거야.

현재완료진행 시제에서 중요한 것은 그 덩어리라고 그랬지? 그래서 감탄의 뜻이 포함되어 있다고. 위 두 문장을 다시 보자. 위에건 30분

동안이나 투닥거림, 밑에건 3년 동안의 연애가 초점이야. 그러니까 이 다음에 전개될 내용이 어느 정도 예측되지?

또 과거 완료진행이 과거 시제보다 먼저니까 당연히 과거 사건의 원인이 될 수도 있겠지?

The road was wet because it had been raining.
비가 와서 도로가 젖어있었다.

I had to go on a diet because I had been eating too much sugar.
단 음식을 너무 많이 먹어서 나는 다이어트를 시작해야 했다.

단 거 많이 먹으면 미국에서도 살찌나 보다. 아빠는 우리나라에서만 그런 줄 알았는데. 근데 왜 아빠는 별로 살이 안 찌지?

If it hadn't been raining, we would have gone to the park.
비가 안 왔더라면 우리는 공원에 갔을 텐데….

If it hadn't been raining 문장대로 번역하면 비가 안 왔더라면….
근데 이걸 '그때 비가 와서'로 번역하고, would have gone을 '못 갔어'로 번역하는 것도 나름의 맛이 있지? 가정법으로 번역하지 않고 직접 번역.

그때 비가 와서 우리가 공원에 못 갔지.

어느 게 좋을까?

과거 완료진행은 이게 다야. 정리해 볼까?

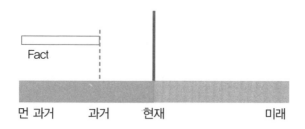

1. Duration of a past action up to a certain point in the past

2. Showing cause of an action or situation

3. Third conditional sentences

4. Reported speech

1. 과거의 어떤 시점까지 진행되던 사건의 기간

2. 어떤 일이나 상황의 원인

3. 헛소리

4. 헛소리

과거 완료진행 시제를 한 단어로 줄이면 뭐~?

"그때까지."

과거 시제가 모두 끝났어요. 과거 시제도 현재 시제처럼 그 느낌을 가지고 있어.

　과거 동사가 오면 지난 일을 담담히 얘기하는 거야. 그랬어.
　과거완료를 썼으면 예전에 지난 일을 꺼내어 그 일이 어떻게 됐는
지를 말하려는 해.
　과거진행이 오면 그때는 그랬다는 거구나.
　과거완료진행이 오면 그때까지 어떤 일을 하고 있었거나, 어떤 일이
진행되고 있었구나.

　이런 느낌을 가지면 과거 시제는 충분히 안 거야.

Part 3-4 미래 시제

미래… 시제에 의례 등장하는 미래 시제.

서양, 특히 영국은 경험 철학과 실험 철학과 같은 실제적인 것을 중시해서 자기들이 직접 경험한 것만을 믿는 경향이 있어.

그런데 미래는 알 수가 없는 거잖아? 경험을 중시하는 문화에서 불확실한 미래를 어떻게 표현했을까?

그래서 영어의 미래 시제도 문법이라기보다는 표현법인 거야. 경험하지 않은 미래를 어떻게 문법으로 정확히 규정했겠어? 문법이란 게 어차피 말의 규칙을 뽑아내서 서로 잘 통하게 하기 위한 방편인데, 문법이 말을 통제하려 든다면 그건 죽은 말이 되겠지?

다시 말하지만, 우리는 표현법을 배우고 있어. 단지 미래의 일을 영어로는 어떻게 쓸까? 만 염두에 두자.

I will come back at 10p.m.

밤 10시에 올게.

지금보다 시간이 더 지난 후에 온대네. 미래.

미래의 순우리말은 없나? 과거-현재-미래, 옛날-지금-앞날 이 정도겠지? 근데 지금이 순우리말인가? 버젓이 只今이라는 한자어가 붙어 있다.

이게 과연 우리말을 문자로 표기하기 위해 써놓은 건지 아니면 원래 한자 말인 건지 아빠는 모르겠네.

말 나온 김에 그제-어제-오늘-내일-모레-글피에서 유독 한자 말인 내일을 한번 보자. 왜 '내일(來日)'만 한자어일까?

계림유사(鷄林類事)라는 책이 있다. 많이 들어봤지?

이 책은 우리나라 사람이 썼게, 중국사람이 썼게? 중국 사람이다. 송나라 때 손목(孫穆)이란 사람이 고려에 왔다가 당시(서기 1000~1100) 고려 사람들이 쓰던 말들을 정리해놨다. 353개.

여기에 보면 '明日曰轄載(명일왈할재)'라고 써놨다. 그래서 '할재'가 '來日'에 대한 우리 고유어로 추정하고 있지. 그런데 '轄載(할재)'를 어떻게 읽을 것인가에 대해서는 설이 많다. 지금까지 이를 앞제, 올제, 하제, 후제, 흐제 등으로 다양하게 읽어 왔다.

그도 그럴 게 당시 중국 사람이 우리말을 듣고 한자어로 쓴 것이기 때문에 중국사람들은 그때 '轄載(할재)'를 어떻게 발음했느냐가 또 관건이 된 거야.

이 문헌에 보면 '그제'는 '기재(記載)', '어제'는 '흘재(訖載)', '오늘'은 '오날(烏捺)', '내일'은 '할재(轄載)', '모레'는 '모로(母魯)'로 표기해 놨는데, 어제가 '흘재(訖載)'라는 한자음 표기라면 '할재(轄載)' 역시 'ㅎ' 음 아닌 'ㅇ' 음에 가까운 '올제'로 읽는 것이 맞을 것 같다는 의견이 많다(국립국어원, 허준혁의 담벼락편지).

뭐가 됐든 내일을 우리말로 썼으면 좋겠다.

When I'm 60 years old, I will be completely bald.
60살이 되면 난 완전 대머리가 될 것 같아.

Dad will keep dropping his towel on the floor after a bath.
아빠는 목욕하고 바닥에 타올을 팽개쳐 놔.

애, 이 문장은 좀 묘하지? 미래에 틀림없이 팽개쳐 놓는다는 얘긴데 그럼 이건 습관의 연속이네?
그럼 단순미래의 표현은 내가 미래에 뭘 할건지 말하는 거랑 습관이든 규칙이든 간에 미래에 벌어질 거라고 생각하는 일에 대해서 쓰는 거네.
하나만 더 볼까?

It will get more difficult.
점점 어려워질 거야.

어떻게 미래를 표현하는지 알겠지?
이제 정리해보자.

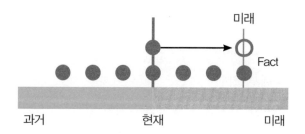

1. Promises
2. Unplanned actions
3. Predictions based on experience or intuition
4. Habits (obstinate insistence, usually habitual)

1. 약속
2. 계획되지 않은 사건
3. 경험이나 직감으로 한 예측
4. 습관(완강한 주장, 보통 습관적인)

단순미래 시제를 한 줄로 정리하면

"그럴 거야."

근데 아빠가 앞에서 미래 시제가 아니라 미래 표현법이라고 했지? 그럼 미래를 표현하는 방법이 꼭 will만 있을까? 아니지. be going to도 있고, 현재진행 시제로도 표현할 수 있다고 했지? 그걸 정리해 보자.

(1) I buy the book.

나는 책을 사요, 쭈욱.

얘는 책 사는 게 직업인가 보다.

대형문고 구매부 직원? 어쨌든 얘는 어제도 사고, 오늘도 사고, 내일도 사겠지? 미래 개념도 분명히 포함되어 있지?

(2) I will buy the book.

   얘는 책을 살 거라고 얘기하고 있지?

(3) I am going to buy the book.

   얘도 책을 살 거래.

  그럼 will과 be going to는 어떻게 다를까? 설마 이 두 개가 같다
고 생각하는 건 아니겠지? 뭐? 같다고?
  흐흐흐…. 이 두 개는 전혀 달라. 느낌이. 볼래?

  먼저 will.
  will이 명사로 무슨 뜻인지 알아? 그래, 유언장이야. 유언이란 게
뭐야? 나 죽으면 우리 집 오디오 시스템을 둘째에게 주시오라고 써
놓은 거지? 다시 말하면 쓰는 사람 맘이지? 그래서 will은 개인적인
의지의 뜻이야.

  그럼 I will buy the book.의 느낌을 보자.
  넌 모르고 있었는데 네 친구가 무한도전 화보를 떡 사온 거야. 무
지하게 자랑했겠지? 그때 네 마음속에는 불타는 지름신이 강림해 있
어. 그리고 온 힘을 다해 외치겠지?

"I will buy the book."

  그거야, will 이.

순간 "나 살 거야!"라고 말하는 것. 실제는 못살 수도 있어. 집에 와서 가만히 생각해보니 '무려 10만 원이나 하고, CD사기도 바쁜데 화보까지 사야 하나?' 하는 생각과 엄마의 무시무시한 후폭풍이 걱정되기도 하고….

반면에, I am going to buy the book.은 달라. 먼저 네가 무한도전 사이트에 들어가 봤더니 글쎄 화보를 낸다네, 두 달 후에. 화보 안에다 지금까지 촬영한 모든 에피소드의 뒷담화까지 다 담아놓겠다는 거야. 음…. 사야지.

먼저 엄마 작업에 들어가야지? 제가 목숨을 걸고 수학 1등급을 따겠습니다. 이 책을 사주면…. 먹혔어. 엄마가 사준대.

이제 이야기하는 거야.

I am going to buy the book.

그러니까 예정되어 있다고 할까? 계획적인 일에 be going to를 쓰는 거야.

그럼 공식적인 자리에서는 어떤 단어를 더 많이 쓸까? will이지. 왜냐하면, be going to를 쓰면 좀 계획적인 느낌, 다시 말하면 몰아가는 느낌이 있잖아. 그래서 듣는 사람들이 기분 나쁠 수 있어. 그래서 will을 써.

이제 우리는 모두 알았어. will과 be going to의 차이를.

will은 미래가 변경될 수도 있지만, be going to는 계획되어 있다는 거.

그럼 "Will you marry me?"와 "Are you gonna marry me?"의 차이가 뭐게?
해석해 보아라, 우리 이쁜 놈!

Before mom comes, we will have cleaned up the house.
엄마 오시기 전에 집 청소해야 돼.

미래완료가 뭔지 팍! 느낌이 오지? 미래 어느 시점까지 이루어져야 할 일이지?

또 하나 볼까?

By the next year, I will have known Tablo for 5 years.
내년이 되면 타블로를 안 지 5년이야.

ChunHee will have lived in SeoRae-Maul for 5 months by August.
춘희는 8월이 되면 서래 마을에서 5개월째 사는 거야.

미래 어느 시점이 있고, 그 시점에 끝나는 일을 이야기하는 거야.
The express bus will have left by now. We have to look for another way to get there.

지금 고속버스는 떠났을 거야. 다른 방법을 찾아봐야 해.

The express bus will have left by now.

왜 이렇게 생각했을까? 버스 출발 시각은 정해져 있고, 이걸 말하는 사람이 그 시간을 알고 있는 거지. 그래서 떠났을 거라고 확신하는 거야.
= I'm sure the express bus has left.

My son will have arrived at the dormitory by now.
지금 내 아들은 기숙사에 도착했을 거야.
= I'm sure my son has arrived at the dormitory.

내가 확신하는 일에도 미래완료를 쓸 수 있네?
I'm이라고 문장을 시작해 보니 미래 시제가 현재완료로 바뀌지? 그럼 거꾸로 현재 완료형도 미래로 쓸 수 있다는 얘기네.
으으…. 또 복잡해진다. 다 필요 없다. 그때그때 문맥으로 파악할 수 있다. 위에 문장도

My son will arrive at the dormitory by now.

이렇게 써도 전혀 문제없다. 저렇게 복잡하게 안 써도 다 알아먹는다. 다만 우리 말로 '지금쯤 도착할걸.'이라는 현재와 미래가 공존하

는 문장에서는 미래완료로 써주는 게 훨씬 세련되고 정확하다는 것.

생각해 봐. 시간대를 정리해보면

과거완료 – 과거 – 현재완료 – 현재 – 미래완료 – 미래의 순
으로 가잖아. 모든 것이 현재를 기준으로 움직이니까 미래완료는 미
래보다 가깝지? 과거완료는 과거보다 멀고.

그러니까 현재와 미래가 공존하는 문장에서는 현재와 미래완료를
붙여줘야지. 그렇지?

I will have sung the song 5 times if I sing it one more time.
그 노래를 한 번 더 부르면 다섯 번째 부르는 거야.

이 정도에 오면 우리는 미래완료 시제에 대해 감이 오기 시작해.

현재 완료는 현재를 기준으로 과거 사건을 보는 거고, 과거완료는
과거를 기준으로 더 먼 과거의 일을 말하고 있지? 그럼 미래완료는?
먼 미래 시점을 기준에 두고 그때까지 어떻게 되는지 말해야 하지?

그림으로 보자.

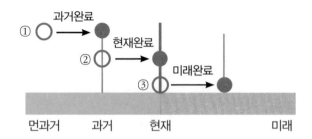

①번 사건이 생겼다고 과거에 말하는 것이 과거완료지?

②번 사건이 생겨서 현재는 어떻게 됐다고 말하는 것이 현재완료고, 그럼 미래완료는 ③번 사건이 미래에 어떻게 될 거라고 말하는 거지? 그럼 미래완료 시제는 미래의 특정한 시점이 있어야 해. 반드시. 위 문장을 다시 보자.

I will have sung the song 5 times if I sing it one more time.

미래시점이 뭘까? 한번 더 노래 부르는 거.

My parents will have been married for thirty years next November 15.

이 문장에서는 돌아오는 11월 15일이 미래시점이지?

이렇게 미래완료 시제는 미래시점이 주어져야 해. 미래에 어떤 시점이 주어지면 그 전에 일어나는 일이 미래 완료가 되는 거야. 언더스탠드?

The movie starts at 5:30. It's 5:20. It will take us 30 minutes to get to the theater. When we get there, the movie will have started.

영화는 5시 30분에 시작해. 지금은 5시 20분이야. 우리가 영화관까지 가는 데 30분이 걸려. 그럼 우리가 도착했을 때 영화는 이미 시작했겠지?

이해가 돼?

자, 지금이 5:20. 도착하면 5:50(미래). 영화 시작은 5:30(미래완료).
알겠지?

하나만 더 볼까?

Jennie is on vacation in Jeju-Do. She doesn't have much
money and she's spending it too quickly. Before the end of her
vacation, she will have spent all her money. She'll be broke.

제니는 제주도에서 잘 놀고 있는데, 얘가 돈을 잘 쓴대. 휴가가 끝
나기도 전에 돈을 다 써버릴 거래.

휴가가 끝나는 건? 미래.

돈을 다 써버리는 건? 휴가가 끝나기 전. 그러니까 미래 전이지?
이게 미래완료야.

이제 정리해볼까? 미래 완료.

1. Completion before a specified point in the future

2. Actions or situations that will last in the future
   (for a specified time)

3. Certainty that an action was completed

1. 미래의 특정시점 전에 끝내야 되는 일

2. 미래까지 지속되는 사건이나 상황

3. 행동이 끝날 거라는 확신

아빠의 한 줄 정리는 **"하게 될 거야."**

'그렇게 돼'도 나쁜 건 아니지만, 미래완료의 뜻에 가까운 건 '하게 될 거야'.

(책을 한 번 더 읽어야 세 번이 돼.)

미래의 어떤 시점 전까지 이루어지는 일. 근데 정확히 표현이 안 된다. 연구, 연구….

(그때까지 그렇게 돼…. 이것도 괜찮네.)

미래진행은 미래의 어느 시점에 우리가 해야 할 일이나 하고 있을 행동을 표현할 때 쓰지.

Tomorrow at this time, I will be taking my driving test.
내일 이 시간에는 운전면허 시험을 보고 있을 거야.

내일 이 시간이라는 미래 특정 시점을 미리 말해놨지? 그리고 그 시간 동안에 무언가 한다는 이야기를 하고 있어.

Will you be coming to the party tonight?
오늘 밤 파티에 올래?

이것도 미리 오늘 밤이라는 특정 시점을 말하고 있어.

In an hour, I will be sitting in front of my TV.
한 시간 안에 TV 앞에 앉아있을 거야.

미래진행은 결국 미래 특정 시점에 뭔가 하고 싶은 일을 표현할 때 쓰네. 별거 없네.

He won't be coming any time soon. He is still at the office.

걔는 아직도 사무실에 있어서 빨리 올 것 같지 않아.

아하, 이렇게도 쓰는구나. 긍정문도 볼까?

He'll be coming soon. He is getting out of his office.

우리 영화 예고편 보면 "coming soon"이라고 쓰여 있는데 이것은 곧 올 거라는 막연한 말이 아니라 위 문장처럼 정확한 이유를 알고 있는 거네. 그러니까 거의 편집이 끝나간다든지, 지금 영화 필름이 극장으로 오고 있다든지….

우리 집 거실에 보면 네가 아빠 생일카드에 '선물은 coming soon' 이라고 해놨던데 그동안 없는 영화도 한 편 다 찍었겠다. 그나저나 준비 안 된 선물에는 coming soon을 못 쓰는데 그럼 뭐라고 써야 하나?

아빠 waits for 딸이 주는 생일 선물.
아빠는 어제도, 오늘도, 내일도 선물을 기다린다(쭈~욱 기다린다).
음. 현재시제를 이렇게 써먹어도 되겠군.

의문문을 한 번 볼까?

Will you be coming home before or after 10 p.m.?
10시 전에 올 거니? 후에 올 거니?

Will you be going to the Big mart? I have something to buy.

빅마트에 가실 거죠? 나 뭐 사야 하는데….

음. 이건 특정 시점을 명기하지 않았구나. 그럼 아빠 대답이 이렇게 나오겠지?

"응, 갈 거야. 한 달 후에."

미래진행 문장이 어떤 성격인지 한 번 보자.

She will be traveling to Busan at the end of the month.

She is traveling to Busan at the end of the month.

이 두 문장이 어떻게 다르지? will be를 is로 바꿨을 뿐인데 뭔가 다르지?

음…. 그리고 보니 아래 문장도 미래네.

will의 뜻이 뭐라고? 개인의 의지라고. 그럼 위 문장은 그녀의 막연한 계획을 말해. 안 갈 수도 있다는 거지. 그녀의 의지가 바뀌면.

반면 밑의 것은 표까지 다 끊어 놓은 상태야. 그래서 확실하게 얘기하는 거지.

우리 모두 잊지 말자. 영·미인들은 미래는 미래일 뿐이다. 믿지 않는다. 이 친구들은 오로지 경험이 가장 중요하며, 그래서 가장 확실한 일들은 과거 시제나 현재 시제로 쓴다. 그래서 is traveling이라고 쓴 문장이 확실하게 간다는 거지.

그래서 위 문장은 '이달 말에 갈 것 같아'가 되고, 아래 문장은 '이달 말에 간대.'가 되는 거야.

이제 정리해보자.

특정 시점을 정하고, 그때 할 일을 이야기하는 것.

1. Future actions in progress
2. Guesses about the present or the future
3. Polite questions about somebody's intention

1. 하게 될 앞으로의 행동
2. 현재나 미래의 추측
3. 상대방의 의도를 묻는 공손한 표현

아빠의 한 줄 정리 **"그땐 그럴걸."**

짜잔! 드디어 우리는 시제의 맨 마지막에 왔다. 요놈만 잘 이해하면 이제 시제 끝이다. 그럼 어떤 문장이 와도 우리는 튼튼!

미래완료진행은 미래의 어느 한 시점에 진행되는 상황을 표현할 때 써. 그 상황이 미래 어떤 사건의 원인이 되기도 하겠지?

Before mom comes, we will have been cleaning the house for 2 hours.

이 문장 조금 전에 봤지? 미래완료에서.

Before mom comes, we will have cleaned up the house.

뭐가 다르지? 맞아, will have been cleaning과 will have cleaned의 차이.

또 뭐가 다르지? 완료문장에서는 the house로 끝났지만, 완료진행에서는 for 2 hours라는 구문이 붙었네.

여기에 뭔가가 있을 거야.

완료 문장은 엄마가 오시기 전에 청소를 끝내면 돼. 그렇지? 근데 완료진행 문장은 2시간 동안 해야 해. 그러니까 초점이 완료 문장에서는 청소를 끝내야 하는 것이고, 완료진행 문장은 2시간 동안 하는 것이야. 완료 문장은 일 자체에, 완료진행 문장은 일하는 시간이 초점인 거지.

By the next year, dad and mom will have been living together for 25 years.
내년이 되면 엄마랑 아빠랑은 25년 동안 같이 산 거야.

어떤 느낌인지 알겠지. 기간. 기간.

By the time Moohandojeon goes on the air at 6:25 p.m., we will have been waiting for 3 hours.
무한도전이 시작되는 6시 25분까지 우리는 3시간 동안이나 기다리고 있어.
6시 25분은 미래. 그때까지 기다리고 있는 우리가 미래완료 진행의 한 가운데에 있는 거야.
그럼 지금은 몇 시지? 3시 25분?
아니지. 우리는 3시 25분부터 기다리고 있지만, 지금이 몇 시인지는 몰라. 그러니까 3:25~6:25 사이가 될 거야. 하여간 우리는 세 시간 동안이나 무한도전을 보려고 기다리고 있는 거야.

In April 2016, we will have been living here for three years.

우리는 언제부터 살기 시작했어? 2013년 4월.

We started to live in April 2013.

우리는 어디에 살아? 여기에.

still live here now

2016년 4월 이후에는? 그 후에는 여기에서 살지, 안 살지 확실하지는 않아.

we are not sure.

이제 알겠지? 이렇게 기간 개념의 가운데에서 언제까지라는 미래 시점을 얘기할 수 있는 것도 미래완료 진행이야.

그 일이 시작된 시발점은 과거일 수도 있고, 현재일 수도 있어. 물론 미래도 되지.

이제 정리해 보자.

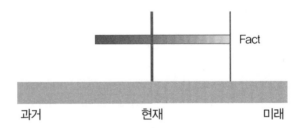

과거　　　　　현재　　　　　미래

1. Duration at a definite moment in the future

2. Cause of a future situation

1. 미래 특정 시점 동안 계속되는 기간

2. 미래 상황의 원인

중요한 것은 미래까지의 어느 기간.

아빠의 한 줄 정리. **"그 어느 때까지."**

고생했어, 고생했어.

우리는 영어의 시제를 모두 본 거야. 아직 정확하게 시제의 느낌이 안 오지? 어떤 시제는 알 것 같은데 또 어떤 시제는 알쏭달쏭하고.

문장을 봐. 하루에도 수많은 영어 문장을 보잖아. 당분간은 시제만 집중해서 보고, 그 느낌을 느껴봐. 그럼 영어 글들이 살아 움직이기 시작해.

정리하자, 시제!

이제 전체 복습을 해볼까?

◈ 현재 시제

이름	한 줄 정리	형태
단순현재	주—욱	현재 동사
현재완료	지금은?	have p.p.
현재진행	이 순간	be ~ing
현재완료진행	지금까지	have been ~ing

◈ 과거 시제

이름	한 줄 정리	형태
단순과거	그랬지	~ed(과거 동사)
과거완료	지나간 일이지	had p.p.
과거진행	그땐 그랬지	was ~ing
과거완료진행	그때까지	had been ~ing

◈ 미래 시제

이름	한 줄 정리	형태
단순미래	그럴 거야	will
미래완료	하게 될 거야	will have p.p.
미래진행	그때는 그럴걸	will be ~ing
미래완료진행	그 어느 때까지	will have been ~ing

이제 능력을 보여라. 정확하게 느낌을 갖고 번역해 봐.

1) Yuna writes a letter.(단순현재)

----

2) Yuna is writing a letter.(현재진행)

----

3) Yuna has written a letter.(현재완료)

----

4) Yuna has been writing a letter.(현재완료진행)

- -

5) Yuna wrote a letter.(단순과거)

- -

6) Yuna was writing a letter.(과거진행)

- -

7) Yuna had written a letter.(과거완료)

- -

8) Yuna had been written a letter.(과거완료진행)

- -

9) Yuna will write a letter.(단순미래)

- -

10) Yuna is going to write a letter.(단순미래)

----

11) Yuna will be writing a letter.(미래진행)

----

12) Yuna will have written a letter before mom comes.(미래완료)

----

13) Yuna will have been writing a letter for 2 hours before
    mom comes. (미래완료진행)

Part 3-6 수동태 잠깐 보기

"수동태?"

수동태란 무엇일까? 왜 쓸까?

왜 그냥 문장으로 말하면 되지, 굳이 수동태 어쩌고 하면서 사람을 머리 아프게 할까?

이거 아무것도 아니야. 왜 수동태를 쓰는지만 알면 까짓 그게 대수냐? 다시 말하면 그렇게 써야 할 이유가 있으니까 쓰는 거 아니겠냐?

이거 한번 봐봐.

Pears are grown in the GeumCheon, NaJu.

이거 수동태로 되어 있지? are grown.

먼저 배가 원래 내버려둬도 자라긴 자랄 거야, 그렇지? 그러면

Pears are growing in the woods.

이렇게 써야 되지 않을까? 근데 왜 지가 자라는 게 아니고 수동태를 써서 자람을 당하고 있다고 썼을까? 그렇지. 누군가가 키우고 있다는 거지. 누가 키워? 나주 금천 사람들이. 그럼 뭐라고 써야 돼?

GeumCheon peoples grow pears in the GeumCheon, NaJu.

금천 사람들이 모두 배를 키우는 것은 아니겠지? 다만 나주 배는 유명하지? 이 문장이 말하려고 하는 것은 배지, 금천 사람들이 아니잖아? 그래서 배를 주어로 하는 수동태를 쓴 거야. 주어(사람)를 생략해버린 거지.

또 볼까?

117 people were killed by the typhoon Maemi.

2003년에 태풍 매미로 117명이 죽었어. 엄청난 숫자지? 그럼 태풍 매미로 사람이 죽은 것이 중요해? 아니면 사람이 매미로 인해 죽은 것이 중요해?
이렇게 중요한 사실을 표현하기 위해 수동태를 써.

JungHyun is given 50,000 won.

정현이는 5만 원을 받았대요. 누구한테? 말할 수 없어. 비밀이야. 이럴 때도 써. 근데 중요한 건 중요한 사실이 주어가 된다는 거야. 준 사람이 정현이도 주고, 언니도 주고, 또 다른 사람도 주고…. 그럴 수 있지만 정현이가 받았다는 게 중요하지.

Kia Tigers beat LG Twins, but was beaten by Hanwha

Eagles.

기아가 이겼지? 다음엔 졌지? 근데 기아가 진 걸 같은 'beat'라는 단어를 써서 표현하려면 어떻게 해야 해? 그래서 수동태를 쓴 거야. 능동태를 쓸 수도 있어.

Kia Tigers beat LG Twins, but lose by Hanwha Eagles.

중요한 건 중요한 걸 주어로 한다는 것. 그것 때문에 당하는 문장이 나온다는 것.

그럼 당하는 문장을 어떻게 써야 해?

Yuna writes a letter.

먼저 사람과 사물을 바꾸고.

A letter writes Yuna.
(편지가 유나를 쓴대)

write가 현재 동사니까 앞에 is를 넣고.
과거 동사면? was
과거완료 동사면? been
미래면? be

A letter is writes Yuna.

is 뒤의 동사는 과거완료 동사로 바꾸고.

A letter is **written** Yuna.

마지막으로 사람 앞에 by를 넣고.

A letter is written **by** Yuna.

끝. 한 통의 편지가 유나에 의해 쓰여졌다.
하나만 더 해 볼까?

Yuna will have written a letter before mom comes.

미래완료 문장이지? 요건 어떻게 해야 할까?
먼저 사람과 사물을 바꾸고 by를 넣자.

A letter will have written **by Yuna** before mom comes.

이제 be 동사만 넣으면 되지?
동사가 뭐야? written. 그럼 뭘 넣어야지? been.

A letter will have **been** written by Yuna before mom comes.

짜잔. 엄마가 오시기 전에 한 통의 편지가 유나에 의해 써질 거야.
근데 이 문장이 어디에서 본 것 같지 않냐?

Yuna will have been writing a letter for 2 hours before mom comes.

미래완료진행 문장. 차이점은 been written이냐, been writing이냐의 차이지.
결국 수동이냐, 진행이냐의 차이는 동사가 무엇이냐에 달렸지? 물론 앞에 be 동사가 있어야 하고.

단순현재

Yuna	writes	a letter.
A letter	is written	by Yuna.

현재완료

Yuna	has written	a letter.
A letter	has been written	by Yuna.

현재진행

Yuna	is writing	a letter.
A letter	is being written	by Yuna.

단순과거

Yuna	wrote	a letter.
A letter	was written	by Yuna.

과거완료

Yuna	had written	a letter.
A letter	had been written	by Yuna.

과거진행

Yuna	was writing	a letter.
A letter	was being written	by Yuna.

단순미래

Yuna	will write	a letter.
A letter	will be written	by Yuna.

미래완료

Yuna	will have written	a letter.
A letter	will have been written	by Yuna.

조동사

Yuna	can write	a letter.
A letter	can be written	by Yuna.

would 1

Yuna	would write	a letter.
A letter	would be written	by Yuna.

would 2

Yuna	would have written	a letter.
A letter	would have been written	by Yuna.

would가 들어간 이 문장을 번역할 수 있지?

번역이 아니라 뜻이 확! 들어와야 하는데….

유나가 이 편지를 썼어야 하는데, 어떤 일로 유나가 이 편지를 쓰지 않았다는 얘기지?

목적어가 둘일 때

Yuna	wrote	a letter	to me.
A letter	was written	to me	by Yuna.
I	was written	a letter	by Yuna.

위의 것은 무슨 대단한 스킬이 아니야. 생각해 봐.

Yuna wrote a letter to me.라는 문장을 보았을 때, 어? a letter가 주어가 되게 말할 수 있고, me가 주어가 되게 말할 수도 있는데 이건 왜 유나지? 이게 첫 번째 생각이어야 돼.

그리곤 아니야, 여기서 중요한 것은 나지, 나. 그럼 I가 주어가 되어야지.

나는 유나가 쓴 편지 한 통을 받았다. 이렇게 말하면 되잖아?

I received a letter written by Yuna.

이러면 돼. 무슨 복잡하게 I was written a letter by Yuna. 어쩌고 할 이유가 없어.

그러나 굳이 저 문장에서 바꾸자면 그렇다는 거야. 거의 쓰지 않는 말.

얘, 영어는 뭐라고? 말!

수동태는 뭐야? 말!

말은 왜 해? 서로 하고 싶은 걸 상대방에게 전달하려고.

이 수동태가 우리나라에 들어와서 우리말이 얼마나 엉망이 됐나 볼래?

이거 많이 봤지? "꿈은 이루어진다" 우리가 아무렇지도 않게 쓰는 말. 2002년 월드컵 때 저 문구가 얼마나 가슴을 울렸냐!

하지만, 꿈이 이루어지나? 가만있으

면 꿈이 아! 이뤄야지 하면서 이루어져? 꿈은 이루는 것이지. 꿈을 가진 사람이 노력해서 이루는 것이 꿈이지, 사람이 없이 어떻게 꿈이 있겠냐?

그럼 사람이 당연히 주어가 되어야겠지? 따라서 저 카드놀이도 "우리는 꿈★을 이룬다"로 해야지.

이게 수동태다. 내가 하는 게 아니라 ~된다, ~진다로 표현되는 숱한 말들. 아빠도, 너도 아무 생각 없이 쓰고 있는 수동태.

"고객님~! 좋은 하루 되세요~"

많이 들어 봤지? 아빠보고 하루가 되란다. 될 것도 많은데 하루가 되란다. 지금 저 말을 한 사람은 자기가 저주를 하고 있다는 걸 알까?

"~되세요." 이런 말이 다 수동태란다. 우리 말이 이렇게 쓰이게 되면 큰일 나. 정말.

즐거운 여행 되세요, 행복한 시간 되세요 등등 다 써서는 안 되는 말들이야.

수동태는 원래 중요한 말을 강조하기 위해서 나온 영어 표현법인데 우리나라에 들어와서 엉뚱하게 동사가 바뀌더니 이런 엉터리 말들이 온 천지에 가득해진 거야.

국어 교육을 하려면 올바른 언어생활부터 공부해야 하는 거 아닌가. 이를테면, 어떤 작가나 누군가가 대중에게 발표한 글을 가져다가 올바른지, 올바르지 않다면 어떻게 고쳐 써야 하는지를 공부하는 것이 올바른 국어 공부가 아닐까?

우리말을 올바르게 잘해야 외국어도 잘할 수 있다는 거, 잊지 마.

우리는 지금까지 시제를 공부했어. 때에 따라 말하는 법. 어쩌면 영어를 공부한다고 했을 때 가장 중요한 부문이야. 두어 번 읽어보면 영어권 사람들이 어떻게 말하는지 알게 될 거야.

다음 장에서는 문제를 하나 풀어 보자.

문제 하나 풀어보기

2015 수능 영어 시험 38번

2015 수능 영어 시험 38번

"그냥 풀기"

[2015 수능 영어 시험 38번]

글의 흐름으로 보아, 주어진 문장이 들어가기에 가장 적절한 곳을 고르시오.

38.

> The researchers had made this happen by lengthening the period of daylight to which the peach trees on whose roots the insects fed were exposed.

Exactly how cicadas keep track of time has always intrigued researchers, and it has always been assumed that the insects must rely on an internal clock. Recently, however, one group of scientists working with the 17-year cicada in California have suggested that the nymphs use an external cue and that they can count. (①) For their experiments they took 15-year-old nymphs and moved them to an experimental enclosure. (②) These nymphs should have taken a further two years to emerge as adults, but in fact they took just one year. (③) By doing this, the trees were "tricked" into flowering twice during the year rather than the usual once. (④) Flowering in trees coincides with a peak in amino acid concentrations in the sap that the insects feed on. (⑤) So it seems that the cicadas keep track of time by counting the peaks.

※ nymph: 애벌레
※※ sap: 수액

문장 하나를 주고는 글 중에 끼워 넣으란 얘기지? 이게 만약 우리 말로 된 문장이었다면 어려웠을까? 아니야. 내용이 좀 어려워서 그렇지 문제 자체는 쉬워. 아빠가 두려워하는 것은 많은 친구들이 거의 읽지도 않고 포기한다는 거지.

자, 이 문장 번역해 볼래? 또박또박. 절대로 대강대강 하지 말고 또박또박 번역해 봐.

혹시 무엇이 제일 먼저 눈에 들어와? 모르는 단어지? 그리고 답답해지고. 그래도 시험이니까 마음을 가다듬고 다시 읽어보려고 시도할 거야. 그래도 모르는 단어가 있으면 이 문장들이 아주 혼돈스러워져. 그리고는 자신감이 뚝 떨어지지 않아?

결국, 영어 시험은 단어 시험이야. 단어는 정말 열심히 해서 많이 알아야 해. 단어를 다 알고, 문장을 대강 이해되면 끝나는 거야.

그리고 또 무엇이 눈에 들어와? 혹시 관계대명사 that이 들어 와? 그리고 조동사 must, 그다음에 has + p.p. 같은 문장 구조가 들어 오지?

아니야, 아니야. 그렇게 보면 안 돼.

첫 문장을 해설서에는 어떻게 번역해 놓았는지 볼까?

"정확히 어떻게 매미가 시간을 추적하는지는 항상 연구자들의 호기심을 자아내었으며 그 곤충은 체내 시계에 의존하는 것이 틀림없다고 항상 여겨져 왔다."

우리 말로 이걸 읽었을 때는 무엇이 가장 먼저 들어 와?

'체내 시계'라는 낯선 단어 아냐? 우리 말 문장도 단어가 문제네. 그리곤 이런 생각이 들지 않아? 매미가 시간을 추적한다고? 이게 무슨 말이야? 그리고 연구자들이 참 일이 없네. 별걸 다 궁금해하는군.

이렇게 가야 해. 문장의 뜻을 알고 주어진 문장에 동의하거나 투덜거리는 거, 그게 문장을 읽는 거야. 다만, 이게 영어로 쓰여 있어서 이렇게 느낄 틈이 없는 거지.

첫 문장만 볼까?

Exactly how cicadas keep track of time has always intrigued researchers, and it has always been assumed that the insects must rely on an internal clock.

자, 모르는 단어?

cicadas, intrigued 이 정도 아냐? 혹시 researchers 나 assumed, rely on, internal과 같은 단어들을 잘 모르겠다면 단어 공부를 무조건 해야 해. 이 정도 단어들은 그냥 이해해야 하는 거야.

researchers는 research에다 -ers를 붙인 거지? 그럼 research의 뜻은 뭐야? '연구하다'지? 그리고 er를 붙였으니까 사람일 거고 거기에 s를 붙였으니 사람들이네. 그럼 알지? 연구하는 사람들. 연구자들.

아빠가 다시 물어볼까? 그럼 '연구하다'가 무슨 뜻이야? 바로 대답할 수 있어?

"어떤 일이나 사물에 대하여서 깊이 있게 조사하고 생각하여 진리를 따져 보다"가 연구하다의 뜻이야. 그냥 조사하는 게 아니라 깊이 있게 조사하는 것. 조사로 끝나는 게 아니라 그것에 어떤 법칙이 있나를 생각해보고 그것이 진리인지를 생각해 보는 것. 이것이 연구야. 이렇게 우리가 흔히 쓰는 말도 이렇게 깊은 뜻이 있는 거야.

그럼 research를 연구라고 번역하는 것이 맞나? 영영사전을 보자.

"Research is work that involves studying something and trying to discover facts about it."

"research"는 무엇인가에 대해 공부하고, 그것의 사실들을 발견하는 일.

음. 대강 비슷하지? 우리 말 사전에는 진리를 따져보다 라는 뜻이 있고, 영어에는 사실들을 발견하다 라는 뜻이 좀 다르기는 하지만.

그럼 researchers는 무엇인가에 대해 공부하고, 그것의 사실들을 발견하는 일을 하는 사람들이네. 이 사람들을 줄여서 우리가 연구자들이라고 하는 거야.

우리는 이제 research라는 단어에 대해서는 절대 잊어먹지 않을 거야. 이렇게 단어 공부를 하는 거야. 이렇게 해야만 돼.

혹시 "좋긴 한데 그 많은 단어를 언제 이렇게 공부하고 있어?" 하고 입이 나오려나? 그럼 지금 하는 대로 "research 연구하다"라고 단어장에 나와 있는 대로 한 10번 써보고, 10번 읽어 보면 외워져? 혹시 한 달 후쯤에 다시 찾아봐야 하는 거 아니야? 그리고 외웠다 쳐도 그 안에 사실을 발견해내는 일이라는 뜻이 있다는 것을 알까?

요즘 너희들처럼 공부하는 바람에 많이는 알지만, 정확히 모르는 사람들이 넘쳐나는 거야. 그러니까 잘못 쓰기도 하고. 전문가인 양 뭐라고 얘기하는데, 가만 보면 알맹이가 전혀 없는 말들을 하는 사람들이 너무나 많지 않니?

그리고 발음, '리서치'라고 읽었지? 너도나도 리서치라고 하니까. 그럼 리서치라고 하면 영어권 사람들이 알아들을까?

우리 한글이 위대한 것은 어떤 말이든 거의 소리 나는 대로 쓸 수 있다는 거야. 리서치의 영어 발음은 '뤼써-츠'야. 리서치 기관의 조사에 의하면, 어쩌고 하는 모든 말이 다 틀린 거지. 그건 그냥 우리나라에서만 쓰는 콩글리쉬야. 영어를 배우는 게 아니라 콩글리쉬를 배우고 있는 거지.

하나만 더 해보자. intrigued

intrigue는 '강한 호기심을 불러일으키다'라는 뜻이래. 영영사전을 볼까?

'Intrigue is the making of secret plans to harm or deceive people.'

'사람에게 해를 끼치거나 속이기 위해 비밀스러운 계획을 세우다.'

이게 뭐야? 뜻이 완전히 다르네. 뭘 잘못 찾았나? 아, 저건 명사의 뜻이래. intrigue를 명사로 쓰면 '나쁜 계획 세우기'라는 뜻이래. 동사의 뜻을 볼까?

If something, especially something strange, intrigues you, it interests you and you want to know more about it.

'무엇인가가 특히 좀 이상한 것이 당신을 intrigue 한다면, 그것은 당신이 재미있어하고 더 알아보고 싶은 마음이 들게 하는 것이다'

아하! 무엇인가가 내 마음을 사로잡아서 내가 더 알고 싶어하는 것이 intrigue구나. fascinate하고 비슷한 말이네.

발음은 '인트뤼-ㄱ'다. 그럼 영한사전에 있는 뜻을 약간만 고쳐서 쓰면 되겠다. "재미있는 게 있어서 더 알아보다."

자, 그럼 해석해 보자.

Exactly how cicadas keep track of time has always intrigued researchers, and it has always been assumed that the insects must rely on an internal clock.

Exactly는 우선 빼자. 'how cicadas keep track of time'는 무슨 말이지? cicadas[씨케이러]는 매미야. 매미는 track of time을 어떻게 유지할까? track of time은 시간이 가는 것을 의미해. 위의 해설처럼 시간을 추적하는 것이 아니고 시간이 흘러가는 한 단위를 얘기하는 거지. 그러니까 위 문장은 '매미들은 어떻게 시간이 흘러가는 단위를 유지할까(알까)'로 번역하는 것이 맞는 거야. 해설서도 믿으면 안 돼.

문장은 '연구자들은 매미들이 어떻게 시간을 알까?' 라는 일에 intrigue 했다는 얘기지? 그런데 has intrigued라고 썼네.

드디어 나왔다. 현재완료. 현재완료의 뜻이 뭐였지? 경험? 완료? 계속? 진행? 그럼 어떻게 번역해야 하지?

야, 참 영어 문장 하나 번역하기 어렵다. 이제 각각에 대해서 대입해보고 번역해야겠네?

해설서에는 '호기심을 자아내었으며'로 간단하게 넘어갔다. 여기에 무슨 경험, 완료, 진행과 같은 현재완료 용법이 있냐? 경험이라면 "호기심을 불러일으킨 적이 있으며"로, 완료라면 "호기심을 가졌으며"로, 진행이라면 "호기심을 가져서는"으로 번역하는 게 맞지? 그럼 해설서는 이것을 완료로 봤네? 그럼 이게 현재완료, 완료 문장이야?

아빠가 이래서 화가 나는 거야. 뭐라고, 뭐라고 떠들어 놓고는, 그걸로 우리 아이들을 그렇게 헷갈리게 해놓고는 막상 문장이 나오면 두루뭉술 넘어가 버려. 그럼 그동안 우리 아이를 괴롭힌 그 망할 놈의 현재완료 용법은 뭐냐?

그래서 아빠가 이 책을 쓰는 거야. 적어도 우선 아빠가 쓴 이 시제에 대한 글을 세 번만 읽어보면 시제에 대한 문법책을 다시는 떠들어보지 않아도 돼. 심지어 다른 어떤 문법도 다시는 생각하지도 마. 그냥 문장을 읽고 느끼면 돼.

자, 첫 문장을 계속 보자.

it has always been assumed that the insects must rely on an internal clock.

또 has been assumed라는 완료 문장이 나왔다. 그리고 the insects를 해설서에는 '그 곤충'이라고 번역해 놓았다. '그 곤충=매미'지? 정말?

혹시 the insects는 곤충 전체를 가리키는 말 아니야? 그래서 '그 곤충'이 아니고 '곤충들은'이라고 번역해야 맞지 않을까?

assume[어씨윰]은 '추정하다'지? 이것도 영영사전을 볼까?

If you assume that something is true, you imagine that it is true, sometimes wrongly.

'무엇인가 옳다고 assume 했다면, 그것은 당신이 옳다고 상상했다는 의미이며, 종종 틀릴 수 있다'

그러니까 assume은 실수가 포함된 상상이야. 이제 번역이 되지? '곤충들은 내부 시계에 의존하고 있다'고 assume 했다는 얘기지? 자, 그럼 has been assumed는 어떻게 번역해야 하지? 아니 번역이라기보다 어떻게 이해하면 될까?

해설서에는 '항상 여겨져 왔다.'로 써 놨네.

첫 문장에 두 개의 시제가 나왔어. has intrigued와 has been assumed.

has intrigued는 현재완료, has been assumed는 현재완료 수동태.

자, 그럼 첫 번째 문장을 번역해보자.

Exactly how cicadas keep track of time has always intrigued researchers, and it has always been assumed that the insects must rely on an internal clock.

"매미들이 어떻게 정확하게 시간을 알까 하는 문제는 연구자들에게 항상 흥미 있는 관심거리였고, 곤충들은 내부 시계가 있어서 시간을 알게 된다고 언제나 생각해 왔다."

두 번째 문장은,

"Recently, however, one group of scientists working with the 17−year cicada in California have suggested that the nymphs use an external cue and that they can count."

"그러나 최근에, California에 서식하는 '17년 매미'를 연구하는 한 과학자 집단에서 매미의 애벌레들이 외부의 신호를 사용하며, 수를 셀 수 있다는 의견을 내어 놓았다."

곤충은 내부 시계를 가지고 있다고 생각해 왔어. 그러나 외부 신호를 사용한다는 의견이 새롭게 제시된 거야.

세 번째 문장은,

"For their experiments they took 15-year-old nymphs and moved them to an experimental enclosure."

"실험을 위해 그들은 15년 묵은 애벌레를 잡아서 실험용 구역으로 옮겼다."

네 번째 문장은,

"These nymphs should have taken a further two years to emerge as adults, but in fact they took just one year."

"이 애벌레들이 성체가 되려면 2년이 더 필요했지만(17년 매미니까 15년 된 유충이라면 2년이 더 있어야 성충이 되겠지?), 실제로는 단지 1년만 걸렸다."

이 문장도 볼까? have taken이라는 현재완료 시제, 그리고 뒤 문장은 이렇게 이어지지? but in fact(그러나 실제로는…)
영어에 집중하지 말고 이야기에 집중해 봐. 2년이 더 필요한 유충이 1년 만에 성충이 되었다? 뭔가 있다는 얘기지.

다섯 번째 문장,

"By doing this, the trees were "tricked" into flowering twice during the year rather than the usual once."

By doing this, the trees were tricked….

이렇게 함으로써 나무들이 속임을 당한 거지? (또 수동태를 썼구나. were tricked)

어떻게? 1년에 한 번 개화(開花)하는 것을 두 번 개화하는 것으로. 나무들이 속임을 당했지만 누가 속였을까? 과학지 들이겠지.

근데 by doing this라고 했는데 this는 어디에 있지? 무엇을 this 했을까? 이 정도만으로도 벌써 느낌이 딱 오지? 아하, 뭔가 빠졌구나. 그렇다면 주어져 있는 문장에 그 뭔가가 있겠구나. 그럼 답이 이 문장 앞이네.

이 문장의 번역은 어떻게 될까?

"과학자들은 이렇게 함으로써 1년에 한 번 개화하는 나무를 두 번 개화하도록 만들었다."

여섯 번째 문장,

"Flowering in trees coincides with a peak in amino acid concentrations in the sap that the insects feed on."

coincide(커윈싸이드)는 '동시에 일어나다'라는 뜻이야. If one event coincides with another, they happen at the same time. (한 가지 일이 다른 일과 coincide 하다면 두 가지는 동시에 일어난 것이다)

뭐가 동시에 일어나지? flowering과 a peak in amino acid concentration이.

amino acid concentration은 아미노산 농도라는 말이지. (아니

이런 걸 고등학생들이 어떻게 알지? 당연히 주석을 달아줘야 하는 거 아냐? 이러니 과외를 하지.)

자, 그럼 이 문장도 번역을 해보자.

"나무가 꽃을 피우는 것과 곤충들이 먹는 수액의 아미노산 농도가 정점에 달하는 것은 동시에 일어난다."

즉, 나무들이 개화하는 시점은 곤충들이 먹는 수액의 아미노산 농도가 최고치에 달하는 시점과 일치한다.

일곱 번째 문장,

"So it seems that the cicadas keep track of time by counting the peaks."

"그래서 매미는 농도 최고치의 수를 세어 시간을 아는 것으로 보인다."

이제 주어져 있는 문장을 볼까? 사실 볼 것도 없겠지? 과학자들이 뭔가 손을 쓴 내용일 테니까.

"The researchers had made this happen by lengthening the period of daylight to which the peach trees on whose roots the insects fed were exposed."

아하! 이 문장은 had made라는 과거 완료를 사용했구나. 음…. 어떤 결과가 나온 것이 과거 어느 시점이고, 그 결과가 나오게 하려고 손을 쓴 것은 그전의 일일 테니 당연히 과거 완료지, 암.

음. 그리고 이 문장은 the researchers로 시작했네? 분명히 이

앞 문장은 scientists가 의견을 제시했다고 했는데 왜 갑자기 the researchers가 나왔지? 글쓴이가 실수를 했든지, 출제자가 의도적으로 단어를 바꿨을 거야. 앞에 있는 scientists와 헷갈리라고. 유치하다.

"연구자들은 곤충들의 먹이가 되는 뿌리가 드러난 복숭아나무에 일조 시간을 늘려 이것을 가능하게 했다."

이제 답이 명확해졌다. ③

이제 모두 맞춰서 한꺼번에 읽어 볼까?

매미들이 어떻게 정확하게 시간을 알까 하는 문제는 연구자들에게 항상 흥미 있는 관심거리였고, 대개는 곤충들이 내부 시계가 있어서 시간을 알게 된다고 생각해 왔다. 그러나 최근에 California에 서식하는 '17년 매미'를 연구하는 한 과학자 집단에서, 매미의 애벌레들이 외부의 신호를 사용하여 수를 셀 수 있다는 의견을 내어 놓았다. 실험용 구역으로 옮겨진 15년 묵은 애벌레들은 성체가 되려면 2년이 더 필요했지만 실제로는 단 1년 만에 성체가 되었다. 복숭아나무의 뿌리는 곤충들의 먹이가 되는데 과학자들은 뿌리가 드러난 복숭아나무에 일조 시간을 늘려서 이것을 가능하게 했다. 과학자들은 이렇게 함으로써 1년에 한 번 개화하는 나무를 두 번 개화하도록 만든 것이다. 나무가 꽃을 피우는 것과 곤충들이 먹는 수액의 아미노산 농도가 정점에 달하는 것은 동시에 일어난다. 즉, 나무들이 개화하는 시점은 곤충들이 먹는 수액의 아미노산 농도가 최고치에 달하는 시점과 일치한다. 그래서 매미는 농도 최고치의 수를 세어 시간을 아는 것으로 보인다.

이 문제 하나를 푸는데 오래 걸렸지만, 정확히 알고 한 걸음씩 나아가다 보면 너무나 선명하게 답이 보이지? 이것이 영어공부를 하는 방법이야. 하나라도 정성을 다해 공부해야 하고, 그렇게 하다 보면 어느 순간부터 읽는 속도가 빨라지고, 공부했던 내용이 그대로 나오기도 하고, 아는 단어도 점점 많아지고. 영어가 재미있어지고, 쉬워지고….

그러나 문제를 풀기 위한 것이라면 다른 접근법도 있다. 이 책을 다 읽었으니까 시제가 문장에 어떻게 어떤 의미를 주는지 알게 되었고, 그 의미를 알게 되면 위의 문제를 좀 더 쉽고 빠르게 답을 찾을 수 있어.

시제로 이 문제를 풀어 보자.

"시제로 풀기"

[2014 영어 수능 38번 문제]
문장을 하나 주고 가장 적절한 곳에 끼워 넣기.

(주어진 문장)
The researchers **had made** this happen by lengthening the period of daylight to which the peach trees on whose roots the insects fed were exposed.

(본문)
1. Exactly how cicadas keep track of time **has** always **intrigued** researchers, and it **has** always **been assumed** that the insects must rely on an internal clock. / 2. Recently, however, one group of scientists working with the 17-year cicada in California **have suggested** that the nymphs use an external cue and that they can count. / 3. (①) For their experiments they **took** 15-year-old nymphs and moved them to an experimental enclosure. / 4. (②) These nymphs should **have taken** a further two years to emerge as adults, but in fact they **took** just one year. / 5. (③) By doing this,

274 아빠가 주는 영어공부

the trees **were "tricked"** into flowering twice during the year rather than the usual once. / 6. (④) Flowering in trees **coincides** with a peak in amino acid concentrations in the sap that the insects feed on. / 7. (⑤) So it **seems** that the cicadas keep track of time by counting the peaks.

　본문이 7개의 문장이고, 주어진 문장까지 하면 총 8개의 문장이야. 본문은 아빠가 편의상 문장들을 /으로 구분하고 문장 앞에 번호를 붙여 놨어.
　이제 각 문장의 시제만 봐 보자.

주어진 문장 : had made 과거완료
본문 1. has intrigued 현재완료
　　　　 has been assumed 현재완료(수동)
본문 2. have suggested 현재완료
본문 3. took 과거
본문 4. have taken 현재완료
　　　　 took 과거
본문 5. were tricked 과거(수동)
본문 6. coincides 현재
본문 7. seems 현재

이제 시제의 느낌을 보자.

주어진 문장 : 과거완료 ➡ 지나간 일이지.

  had made 만들었어.

  다음에 올 문장은 "그래서?"

본문 1. 현재완료 ➡ 지금은?

  has intrigued 호기심을 가져왔는데 지금은?

  has been assumed 추정했는데 지금은?

  다음에 올 문장은 호기심을 갖고 추정한 내용을 자세히 쓰거나, 지금은 다른 이야기가 있다는 내용이 오겠지?

본문 2. 현재완료 ➡ 지금은?

  have suggested 제안했는데 지금은?

  역시 다음 문장은 제안한 내용을 자세히 쓰거나 제안 내용이 어떻게 잘못되어서 지금은 이렇게 하고 있다는 내용이 올 거야.

본문 3. 과거 ➡ 그랬지.

  took 가져갔대.

본문 4. 현재완료 ➡ 지금은?

  have taken 시간이 필요하대. 지금은?

  왜 시간이 필요한지, 아니면 지금은 필요치 않다는 얘기가 다음 문장에 나오겠지? 바로 took이 따라왔네. 실제로 걸린 시간은 그렇지 않았다.

본문 5. 과거 ➡ 그랬지.

  were tricked 속았다. 그래서?

본문 6. 현재 ➡ 주욱

  coincides 동시에 일어나는구나. 그렇구나.

본문 7. 현재 ➡ 주욱

  seems 보이는구나.

이제 본문을 구성해 보자.

본문 첫 번째 문장에서 '관심거리가 되어 왔고, 생각해 왔다'고 현재완료 시제를 썼지? 그래서 지금은?

두 번째 문장에서 '그러나, ~내어 놓았다'로 글이 전개되잖아. 지금은 새로운 의견이 나왔다는 거지.

바로 이거야. 현재완료 문장이 나오면 "난 이랬거든. 그러나 지금은 이래." 또는 "난 이랬거든. 그래서 지금은 이래." 와 같은 글 전개가 이루어지는 거야.

세 번째 문장에서는 매미를 가져갔대. 그렇다면 이것은 새로운 제안을 내어놓은 것에 대한 설명이야. 가져가서 뭔가를 한 다음에 어떤 결과가 나와서 그것을 새로운 내용으로 제안하게 된 거지.

네 번째 문장은 또 현재완료야. 2년이란 시간이 필요하대. 그래서 지금은? 지금까지는 2년이란 시간이 필요했지만 1년밖에 걸리지 않았지? 현재완료 다음에 '그러나'로 그걸 부정해 버리잖아.

다섯 번째 문장은 다시 과거지? 나무를 속였다는구나.

여섯 번째, 일곱 번째 문장은 현재 동사야. 그렇다면 이건 일반론을 설명하는 거야. 동시에 일어나고, 그렇기 때문에 매미는 '동시에 일어나는 깃'을 시간의 단위로 삼는 것처럼 '보인다.'

주어진 문장만 과거 완료네. 과거 완료는 지나가 버린 일이지? had made - 만들어 버렸대. 그러면 다음에 올 문장은 그래서?

과거완료 다음에 오는 시제는 거의 과거야. 과거완료가 과거의 어느 시점 전까지 그랬다는 거니까 그로 인해 과거에 이런 일이 있었다. 이렇게 되겠지?

과거시제가 오는 건 본문 3.과 본문 5.

답이 좁혀지지? 단어를 하나도 몰라도 시제만으로 답의 범위가 좁혀지잖아. 이게 글의 느낌이야. 우리는 글을 이렇게 읽어야 해.

이제 이 글을 시제의 느낌대로만 읽어보자.

과학자들이 매미가 시간을 아는 것에 대해 재미있어하고, 또 사람들에게는 없는 내부 시계가 있을 거라고 생각해 왔는데 어떤 과학자들이 새로운 의견을 제시했어. 그건 매미가 외부 신호를 사용한다는 거야.

매미를 잡아서 실험을 해보니 꽃이 필 때의 아미노산 농도를 1년으로 삼더라는 거야. 그래서 1년에 두 번 꽃이 피게 했더니 글쎄 17년 매미가 16년 만에 성충이 되더라.

야, 이제 윗글이 생생해졌지? 정확히 알겠지? 영어로 읽어도, 우리말로 읽어도 그 느낌이 그대로 오지?

이게 시제고, 시제에 기반을 둔 번역이야.

고생했다. 정말 고생했어.

이 책을 여기까지 읽은 사람은 영어를 두루 공부한 거야. 시제만 정확히 이해해도 그 재미없는 영어 문장이 이렇게 생생해진다는 것을 우리는 스스로 증명했다.

이제 네 차례야. 아빠가 써 놓은 영어공부를 이제 네가 더 발전시키고 보강해야 해. 공부할 때는 단단히, 그리고 자유롭게 하라고 했지?

뭔가 좀 미진한 게 있으면 인터넷을 뒤지고, 선생님께 묻고 해서 완전히 알아야 해. 그게 공부의 첫걸음이니까.

이렇게 하면 우리 모두 행복하게 살아갈 거야.

사랑한다.

도와주신 분들

이 책은 2015년 4월부터 5월 10일까지 텀블벅(www.tumblbug. com)을 통해 도움을 받았습니다.

많은 분들이 저의 출판 프로젝트를 밀어주셔서 출판이 순조롭게 진행되었습니다. 일일이 감사의 말씀을 드려야 하나 이 책에 명단을 실어 함께했음을 기념코자 합니다.

김진욱	고영봉	조영한
하권찬	염수아	양호숙
박응조	최희정	김연순
문지현	연지출판사	Dongwon Jeong
문민숙	이영식	이요한
잠수타는 구미호	최성지	정영주
김나영	리린기	Seoyoon Cheh
신지혜	Ju Young Choi	김다인
신정임	최우성	

문법 어려워하는 딸에게 아빠가 써주는 '생생' 영어책

딸 위해 영어책 쓴 하권석씨

"고교 3학년인 둘째 딸이 어느 날 '아빠 관계대명사가 뭐야? 한정사는?' 이렇게 묻기 시작했어요. 문법 용어가 너무 어렵다고 하더라고요. 그래서 제가 '문법 몰라도 형이 쉴 수 있어'라고 말하나니 딸아이가 '정말?' 하고 놀라더라고요. 그게 이 프로젝트의 시작이었죠."

지난 3월24일, 많은 문화창작자들이 자신만의 프로젝트를 홍보하고 공개후원을 받는 크라우드펀딩 사이트 '텀블벅'에 '아빠가 쓰는 영어공부하는' 제목의 프로젝트가 올라왔다. 평범한 회사원 아빠 하권석씨가 두 딸을 위해 쓴 영어책을 정식 출판하고자 시작한 것이었다.

딸들을 위해 영어교재 〈아빠가 주는 영어공부〉를 썼지만 하씨는 영어전문가가 아니다. 영어교육 관련한 일도 해본 적이 없다. 하지만 영어로 대화를 하고, 상황에 맞춰 영어 분서를 작성하는 일에는 어느 정도 자신이 있었다. 대학에서 경영학을 전공한 하씨는 통신장비제조회사부터 시작해 여러 회사에서 해외영업과 경영을 담당했다. 자연스레 해외출장이 잦았고, 영어 계약서를 작성할 일도 많았다. 하씨도 처음에는 회화를 제대로 배워본 적이 없어 의사소통에 어려움을 겪었다.

"처음 회사 들어갈 때는 고생을 많이 했어요. 첫 출장지가 미국의 로스앤젤레스(LA)였는데, 일이 생각보다 곪까에 늦게 도착했어요. 첫 비행기를 놓쳤다. 다음 비행기를 바로 타야 한다는 생각에 급히 옐에어 대한항공 프론트 데스크로 가서 도움을 청했는데, 급한 마음에 제 앞에서 바로 튀어나온 말이 'May I help you?'예요. 'help'가 들어가는 문장을 생각하니 반사작용처럼 익숙한 문장을 떠올린 거죠. 지금도 생각하면 얼굴이 뜨거워요."

'이름씨', '앞토씨', '느낌씨'. 하씨가 출판을 준비하는 〈아빠가 주는 영어공부〉에서는 명사와 전치사, 감탄사를 각각 이렇게 설명한다. 한자어로 된 문법 용어로는 뜻을 짐작하기 어려운 한글 문장 안에서 어떤 구실을 하고 있는지 명확하게 드러나지 않는다는 하씨는 한자어에 담긴 뜻과 실제 품사가 문장에서 갖는 의미에 주목하며 새로운 용어를 만들었다. 책을 접하는 사람들이 문

문법어를 어려워하는 딸을 위해 영어책 〈아빠가 주는 영어공부〉를 직접 쓴 하권석씨가 광주의 자택에서 딸 영민이와 함께 웃고 있다. 앤반면이 들고 있는 것이 기본 한 워씨의 책이다. 하씨는 현재 이 책을 정식으로 출판하기 위한 절차를 밟는 중이다. 하권석씨 제공

법용어에 대한 공포를 없애고, 쉽게 영어에 가깝게 다가갈 수 있도록 돕기 위한 시도였다.

같은 이유로 책에 있는 해설 문장들은 아빠가 딸들에게 이야기하듯 모두 구어체로 되어 있다. 'modify[마려파이]' 등 영단어를 설명할 때에도 학생들이 잘 배우지 않는 발음기호 대신, 한글로 독음을 써 넣어 쉽게 읽을 수 있도록 했다. 문법을 설명할 때 사용한 예문도 직접 만들었다.

하씨는 "영어도 언어를 쓰는 사람의 문화·역사적 가치가 녹아 있는 '말'이라는 것을 먼저 생각해야 한다"고 강조했다.

"한국에서 영어를 가르치고 배우는 사람들이 가장 간과하는 부분이 영어도 하나의 언어라는 것입니다. 뜻(to) 부정사의 용법을 외우고, 영문장에 쓰인 용법이 그 가운데 어떤 것인지 분석하곤 하죠. 하지만 우리가 한국어

를 쓸 때 단어의 위치나 문법에 크게 구애받지 않듯, 영어도 똑같이 공부할 수 있습니다. 한국 사람들이 10년이 넘도록 영어공부를 해도 외국인에게 말 한마디 제대로 붙이지 못하는 까닭은 영어를 '말'로 대하지 않았기 때문이라고 생각합니다. 문법보다는 어법이 중요한 이유가 여기에 있어요."

281쪽에 달하는 영어 교재를 쓰면서 하씨가 참고한 책 목록에는 〈English in Use〉, 〈Collins Cobuild English Dictionary〉 등 영어권 국가에서 영문법을 설명해 놓은 책들뿐 아니라 우리 오락의 〈우리글 바로쓰기〉가 있다. 말하는 것 세 한국어를 써야 생생한 내용을 전달할 수 있다는 생각 때문이다. 누구나 편안하게 읽을 수 있도록 구어체로 쓰다 보니 '입말'을 '글말'로 옮기는 공부가 꼭 필요했다.

〈아빠가 주는 영어책〉 맨 마지막에는 2014

년 수능 영어 38번 문제에 대한 '아빠식 풀이'도 있다. 복잡한 문법 용어에 대한 이야기는 모두 빼고, 의미 전달이 중요한 시제만을 중심으로 쉽게 설명했다.

"30년 전에 내가 공부한 방식과 똑같이 공부하고 있는 딸을 보니 화가 났어요. 아이들은 모두 영어를 공부하는데, 학회지에서 나눌 법한 어려운 문장에 있는 단어를 다 외우고 있기 때문이요. 요즘 학교 현장에서 회화 교육을 많이 한다고는 하지만, 수능 영어 교재를 보면 여전히 '문법 법칙 교육'일색이에요. 단어 뜻을 모른 채 시제만 정확하게 분석할 수 있어도 영어를 '말'로 공부하는 데는 무리가 없어요. 단어의 뜻은 문장 속 맥락으로도 충분히 이해할 수 있죠."

하씨의 둘째 딸 영민(18)양은 이 책의 첫 독자이자, 훌륭한 조력자였다. 하씨가 첫 20쪽을 쓰고 원고를 하양에게 보여주자, 하양은 아빠의 책을 읽은 소감을 이렇게 말했다.

"빨리 더 써줘."

하씨는 "딸이 좋은 반응을 보여나니까, 더 자신 있게 써내려갈 수 있었던 것 같아요. 책을 다 읽고 지난 모의고사에서는 영어 만점을 받아라 저도 기뻤어요"라고 말했다. 하양은 지난 8일 어버이날 하씨의 프로젝트 후원자 명단에 이름을 올렸다.

청윤희 기자 ymi.i@hanedui.com

'관계대명사가 무슨 뜻이냐'
고교생 딸의 질문에 책으로 답했다
해외출장 실전영어 경험 토대로
최대한 쉽고 재미있게 쓴 영어교재
아빠표 구어체·품사설명·수능해설 등
읽다 보면 영어도 '말'임을 알게 돼